염복규 (서울시립대 국사학과)

## 1.

이 글의 목적은 『朝鮮博覽會記念寫眞帖』의 구성을 소개하고 여기에서 발견할 수 있는 몇 가지 사실을 짚어보는 것이다. 이 사진첩은 1929년 9~10월 개최한 조선박람회를 기념하여 이듬해인 1930년 3월 20일 조선총독부가 공식 간행한 '기념 책자'이다. 본격적으로 사진첩을 소개하기에 앞서 제국 일본의 박람회의 역사, 그 중에서 식민지 박람회, 또 식민지 박람회 중에서도 조선에서 1929년 개최된 조선박람회의 위상을 간략하게 살펴보면 다음과 같다.

근대 박람회란 자본주의 산업 발달에 기반하여 대량의 전시물을 배치, 시각적으로 과시하는 이벤트이다. 세계사적으로 박람회는 최초로 산업혁명에 성공한 영국에서 19세기 중반 시작되었다. 1851년 런던만국박람회가 그것이다. 더불어 서구 제국에서 박람회가 개시된 시점은 전세계적으로 제국-식민지 체제가 구축되는 시점과 일치한다. 그리하여 박람회는 태생부터 제국주의와도 결합해 있었다.

일본은 메이지유신 직후 서구를 모방한 최초의 박람회로서 1877년 제1회 내국권업박람회(內國勸業博覽會)를 개최했다. 20세기 들어 제국주의 국가로 발돋움하면서 식민주의 디스플레이의 요소를 적극적으로 도입하여 1903년 제5회 내국권업박람회에는 식민지 타이완(臺灣)관이 처음 등장했다. 한국병합 후 1914년 도쿄다이쇼박람회(東京大正博覽會)에 이르면 타이완 외에 가라후토(樺太, 사할린)관, 조선관, 척식관, 만주관 등 여러 개의 (준)식민지관을 설치했다.

제국의 박람회에 설치된 식민지관의 역할은 어쩌면 단순하다. 제국 = 문명 = 선진을 돋보이게 하기 위해 식민지 = 야만 = 후진을 보여주기 위함이었다. 그런데 제국 일본 권역의 박람회가 모두 본토에서 개최된 것은 아니었다. 식민지 타이완이나 조선에서도 박람회를 개최했다. 그렇다면 이런 식민지 박람회의 디스플레이는 어떻게 이루어졌을까?

조선박람회는 조선총독부가 각각 '시정 5년', '시정 20년', '시정 30년'을 기념하여 주관한 3대 박람회(1915년 조선물산공진회, 1929년 조선박람회, 1940년 조선대박람회) 중 하나이며, 1929년이라는 식민통치 중기의 시점에 개최한 박람회로서 제국 일본과 식민지 조선, 그리고 박람회 개최 장소인 식민지 '수도' 경성(京城)과 기타 지방도시, 나아가 본토 각 지역과의 관계의 다면적인 면모를 볼 수 있는 행사였다.

조선박람회에 대해서는 그간 일본의 선진성과 조선의 후진성을 드러내는 것이 목적이었다는 취지의 견해가 대세였다. 그런데 1929년은 일본의 입장에서 식민통치 '20주년'이 되어가는 시점이다. 그런데 이런 시점에 총독부가 조선의 후진성을 표나게 강조하는 것은 역설적으로 식민지권력의 무능을 증명하는 것이 아닌가? 이런 문제의식에서 기존과 달리 조선박람회에 보이는 '조선색(local color)'에 주목한 견해도 제출되었다. 한편 조선박람회에는 이전과 달리 '어린이나라(子供の國)'를 비롯한 많은 유희 시설이 설치되었다. 최근 연구는 이런 부분에도 주목하고 있다.

모든 박람회는 일정하게 만들어진 동선을 가진다. 조선박람회도 박람회장인 경복궁 동측의 회장 정문(1927년 이축한 광화문)에서 출발하여 한 바퀴를 돌아 '어린이 나라'에서 끝나는 동선을 가진다. 동선상에 놓여있는 박람회의 시설은 크게 세 파트로 나뉜다. 조선총독부가 직접 설치한 직영관, 그리고 본토와 조선의 여러 지역, 단체, 회사에서 설치한 특설관, 마지막으로 여러 유희 혹은 유흥 시설이다.

『조선박람회기념사진첩』은 기본적으로 이 동선을 따라가며 박람회장의 풍경을 재현한다. 첫머리에 수록된 한자성어 "百聞不如一見"(2쪽. 이하 괄호 안의 쪽수는 사진첩 간행본의 쪽수임)이 웅변하듯이 이를 통해 조선박람회의 성황을 보라는 것이며, 또 박람회를 성공적으로 개최한 식민지권력의 위용을 느끼라는 것이 사진첩 간행의 취지인 셈이다.

## 2.

사진첩은 모두에서 박람회 개최 장소인 경성의 전경을 보여주며 이를 아래와 같이 설명한다.

> 경성부는 이전에 한양 또는 한성이라 칭했다. 지금으로부터 500여 년 전에 이씨 조선의 시조 이성계가 수도로 삼고 왕궁의 터를 이곳에 정한 이후 반도의 정치·교육·경제의 중심이 되었다. 고유문화와 근대적인 문명을 서로 융합하여 바야흐로 반도의 수도로서 대경성(大京城) 건설에 힘쓰고 있다.(15~16쪽)

경성의 도시 정체성의 시작은 조선왕조의 수도라는 점을 분명히 하고 있다. 여기에서 이미 조선박람회를 단순한 식민지 박람회의 코드로 읽어서는 안 된다는 암시를 얻을 수 있다. 조선박람회는 '조선의 박람회', 정확하게는 단순한 제국 정부의 하수인만은 아닌 주관적으로는 조선왕조를 '계승'했다고 스스로 여기는 식민지권력의 박람회였던 것이다. 이어서 총독부 청사, 박람회 임석 일본 황족, 총독, 정무총감의 초상, 개회식과 폐회식 장면을 거쳐 경복궁의 정전 근정전과 경성의 현관 남대문, 그리고 박람회장 입구가 등장한다(18~35쪽).

박람회장 입구에서 경복궁 경회루까지는 좌우로 각각 산업남관, 산업북관, 미곡관, 사회·경제관, 심세관, 미술공예·교육관 등 6개의 직영관이 배치되어 있다(36~75쪽). 박람회장 건축 책임자였던 총독부 건축과장 이와이 나가사부로(岩井長三郞)의 표현을 빌면 이 6개관의 건축 양식은 이른바 "조선식으로 통일"했다. 물론 6개 직영관이 정말 '조선식'이냐는 논란도 있다. 그러나 포인트는 직영관 양식이 얼마나 조선식을 진정성 있게 구현했느냐 하는 데 있다기보다 그런 점을 표나게 내세운 총독부의 보여주기 전략이라고 할 것이다. 이것은 조선 궁궐의 대표적 전통 건축인 광화문-근정전-경회루를 연결하는 동선에 놓인 6개관의 배치와도 관계가 있다.

6개의 '조선식' 직영관을 지나면 경회루가 나타난다. 경회루는 경복궁을 대표하는 건축물 중 하나이면서 조선박람회에서는 동선을 이끄는 이정표 역할을 한다. 이 앞에서 좌회전하여 경회루를 끼고 도는 것이 자연스러운 동선이다. 교통·토목·건축관에서 시작하여 사법·경무·위생관, 기계·전기관, 참고관, 내지관을 차례로 관람하게 된다. 이상의 전시관은 앞의 6개관과 달리 서구식 혹은 일본식 건축양식이다. 그리고 전시물의 내용도 병합 전과 후를 비교하여 조선의 '발전상'을 부각시키는 방식이다(76~113쪽). 이는 1915년 조선물산공진회 이래 상투적인 전시 컨셉이라고 할 수 있다.

이런 가운데 다채로운 전시 구성을 보이는 것이 내지관이다. 내지관은 본토에서 27개 현 1개 시가 출품한 공동 전시관이다.[1] 그런데 흥미로운 점은 내지관의 구성을 보면 각 지역의 코너명이 무질서하게 보일 정도로 제각각인 가운데 일본어를 해독하지 못하는 조선인이 이해할 수 있는 방식으로 표기되어 있다는 점이다. 각 지역에 따라 표기 방법은 조금씩 다르다. 대표적으로 세 곳만 예를 들면 와카야마현의 경우 한자의 조선어 발음과 글자를 병기했으며(화가산현, 和歌山縣) 시마네현은 일본어 발음을 조선어로 표기하고 한자를 병기하기도 했다(시마네겐, 島根縣). 그런가 하면 미야기현은 일본어 발음의 조선어 표기와 알파벳, 한자 등을 병기했다(미야기현, MIYAGIKEN, 宮城縣. 이상 94~97쪽).

기실 내지관의 출품 목적은 각 지역의 특산물 등을 조선에 소개하기 위한 것이었다. 당시 일본어를 해독할 수 있는 조선인의 비율은 극히 낮았다. 따라서 조선인에게 무엇인가를 전달하는 매체는 좋건 싫건 '조선어'여야만 했다. 그렇다면 상업적 목적을 달성하기 위해 어떤 일관된 원칙보다 조선인이 쉽게 이해할 수 있는 방법을 채택한 것은 당연하다고

1 출품 지역은 다음과 같다. 27개현은 사이타마현(埼玉縣), 군마현(群馬縣), 후쿠이현(福井縣), 도쿠시마현(德島縣), 돗토리현(鳥取縣), 야마가타현(山形縣), 에히메현(愛媛縣), 니이가타현(新潟縣), 가나가와현(神奈川縣), 시즈오카현(靜岡縣), 히로시마현(廣島縣), 이바라키현(茨城縣), 도치키현(栃木縣), 효고현(兵庫縣), 이시카와현(石川縣), 와카야마현(和歌山縣), 기후현(岐阜縣), 시마네현(島根縣), 가가와현(香川縣), 나라현(奈良縣), 미에현(三重縣), 미야기현(宮城縣), 야마구치현(山口縣), 아이치현(愛知縣), 오카야마현(岡山縣), 야마나시현(山梨縣), 고치현(高知縣) 등이며, 1개시는 이와테현(岩手縣)의 현도 모리오카시(盛岡市)이다.

하겠다.

총독부 직영관을 대략 다 관람하고 나면 이제 조선 내 각 도, 일본 본토 여러 지역의 특설관, 그리고 여러 기관·단체에서 설치한 다양한 특설관으로 이어진다. 특설관은 설치 주체가 다양하니만큼 외관도, 내용도 다양하다. 흥미 위주의 이국적 풍광을 보여주는 데 치중하는 것이 있는가 하면 육·해군관처럼 '황군의 위용'을 드러내기 위해 애쓴 것도 있다(120~123쪽). 대체로 갈래를 지어보면 특설관의 건축 양식은 독특한 지역색을 드러낸 것, 지역색이 특별히 보이지 않는 '모던풍', 딱히 해당 지역의 지역색이라기보다 다소 막연한 '이국풍'의 세 가지로 나누어볼 수 있다.

특설관은 해당 지역 행정기구와 협찬회 혹은 참여 단체, 회사에서 자체적으로 준비했다. 따라서 여기에는 특설관 설치 주체의 규모나 경제력이 반영되었다. 그리하여 산업이 상대적으로 발달한, 즉 지역세가 강한 지역이나 대기업 등의 경우 특설관 양식에서도 '보편적 근대'를 보여주는 경향이 많았다. 모던풍의 특설관은 조선 내 각 도보다는 조선농회 등 각 산업을 대표하는 관변단체, 그리고 본토의 대도시, 대기업이 주류이다.

반대로 자기의 컬러를 두드러지게 내세운 특설관은 객관적으로 그러한지는 별개로 스스로 판단하기에 상대적으로 내세울 만한 물산이 부족하다고 판단한 경우라고 해석할 수 있다. 이런 측면이 두드러진 특설관으로 조선에서는 충남관, 평남관, 본토에서는 교토(京都)관, 나라(奈良)관. 미에(三重)관, 시가(滋賀)관 등을 들 수 있다. 더불어 식민지 타이완관, 그리고 만몽관이 여기에 속한다.

타이완관이나 만몽관은 기실 지역색이라기보다 이국적 풍경, 관람객을 모으기 위한 이색적 볼거리의 측면이 강했다(146~149쪽). 조선의 충남관과 평남관은 각각 지역을 대표하는 문화재인 논산 관촉사 은진미륵(恩津彌勒)과 평양성 현무문(玄武門)을 채택했다(130~131, 136~137쪽). 본토 특설관 중에서는 일례만 들어보자면 미에관의 경우 지역 내 이세반도의 부부바위를 특설관의 장식 요소로 했다. 부부바위는 일본 고대 사서『고사기(古事記)』에 등장하는 창세신 부부 이자나기(伊耶那岐)와 이자나미(伊耶那美)를 상징하는 바위라고 하며, 현재까지도 미에현의 관광 명소 중 하나이다. 지역세가 특별히 강하지 않고 당시 조선에 크게 알려져 있지도 않았던 미에현은 역사적 의미가 깊은 명소를 자기 재현의 중심으로 택한 셈이다(168~169쪽).

마지막으로 위의 두 가지 스타일에 명확하게 속하지 않는 특설관은 하나로 묶기 어려운 모습을 보이는데, 근대 스타일이 분명하거나 고유의 지역색이 드러나지 않는 상투적인 모양을 뜻한다. 당시 일본에서 박람회의 전시관은 대개 란카이야(ランカイ屋)라고 불리는 전문업자가 설계했다. 조선박람회에서도 이런 업자가 특설관 설치를 맡는 경우가 적지 않았을 것이고 그런 가운데 상투적인 스타일의 건축이 나오지 않았나 여겨진다.

그 밖에도 사진첩에는 조선박람회의 주요 시설이 빠짐없이 담겨 있다. 예컨대 조선건축회가 출품한 '문화주택'(186~187쪽. 이 때 건축한 문화주택은 박람회 폐회 후 실제로 판매되었다), 본토와 조선의 여러 회사의 선전탑 등이 그것이다. 선전탑을 세운 기업 중에는 오늘날에도 잘 알려져 있는 마루젠(丸善)잉크, 삿포로맥주 등도 포함되어 있다(198~199쪽).

뒤이어 조선박람회의 큰 특징이라고 할 수 있는 여러 유희·유흥 시설이 등장한다. 먼저 어린이 나라이다. 어린이 나라에는 세계 파노라마를 감상하며 달리는 어린이 기차, 수상비행기, 승마장, 해저여행관, 회전목마 등 다양한 놀이 기구가 설치되었다. 오늘날의 테마파크를 연상하면 된다. 그리하여 가족 단위 관람객이 많이 찾았는데 당시 신문 보도 등에 의하면 어린이보다 더 놀이 기구에 빠져드는 어른도 적지 않았다고 한다. 어른이나 어린이 모두에게 조선에서는 처음 보는 '신기한' 풍경이었기 때문이다(204~207쪽).

그리고 외국인 연예단이 서커스 등을 공연하는 만국 거리(萬國街), 기생의 무용 공연이 펼쳐지는 연예관, 기타 사무국, 경비사무소, 우편국과 은행 등 편의 시설까지 소개하면 어느새 박람회 구경은 끝이 난다. 관람을 마치고 회장을 빠져나오는 혼잡한 인파를 보여주는 것으로『朝鮮博覽會記念寫眞帖』도 끝이 난다(208~217쪽).

# 3.

　조선박람회는 세계적인 공황의 터널로 들어가는 시점(1929년)인 데다가 개최 시기도 농번기(9~10월)와 겹쳐 관람객 동원, 수지·타산의 측면에서는 실패했다는 것이 객관적 사실이다. 박람회 폐회에 맞춰 조선어 신문은 조선박람회는 "항상 시세와 민도로써 상투어를 삼는 당국이 축년(逐年)의 천재(天災)로 궁핍에 궁핍을 가한 조선인의 경제 상태를 불고하고 단행"한 것인데 "일시의 번영을 꿈꾸든 종로상가에 몰락"을 가져왔을 뿐이라고 비판했다(「社說 : 朝博의 影響」, 『東亞日報』, 1929.11.1). 따라서 사진첩 곳곳에 빈번히 등장하는 관람객의 물결은 일종의 기만이라고 할 수 있으며 이 사진첩의 간행 주체가 조선총독부임을 다시 한 번 상기시켜준다.

　그럼에도 불구하고 식민통치 중기의 시점에 개최된 조선박람회라는 대형 이벤트에서는 당대의 시대적 특징을 드러내는 코드를 읽어볼 수 있다. 이에 대해서는 여러 가지로 이야기할 수 있다. 당장 『朝鮮博覽會記念寫眞帖』을 세밀하게 독해하는 작업을 통해서도 많은 이야기를 할 수 있을 것이다. 식민지권력의 선전 이벤트라는 점이 이런 작업을 게을리 할 빌미가 되어서는 안 되리라 생각한다.

　여기에서는 하나만 지적하고자 한다. 요시미 순야에 의하면 일본은 서구 제국의 만국박람회에 출품할 때는 일본의 전통을 강조하며 비근대의 나라로 스스로를 위장하는 반면 본토와 식민지 박람회에서는 근대 국가로 행세하는 이중적 자기를 익혀나갔다고 한다. 이런 이해를 받아보자면 조선박람회에서 본토의 여러 지역이 자기를 드러낸, 즉 식민지 조선을 향해 자신을 발신하는 방식에는 두 가지가 혼재되어 있었다. '근대 국가로 행세'하는 지역이 있는가 하면 '비근대의 나라로 스스로를 위장'하는 지역도 있었다는 뜻이다.

　이와 같이 조선박람회에서 보이는 여러 코드는 제국 일본 판도 안에서 식민지 조선의 다면적인 지위를 상징적으로 보여준다. 그리고 이는 조선박람회 개최 장소인 식민지 '수도' 경성의 지위 역시 제국 도시의 위계 속에서 유동적일 수 있음을 의미한다고 할 수 있지 않을까.

**참고문헌**

강상훈, 「일제강점기 박람회 건축을 통해 본 건축양식의 상징성」, 『건축역사연구』 47, 2006.

김제정, 「식민지기 박람회 연구 시각과 지역성」, 『도시연구』 9, 2013.

신주백, 「박람회 – 과시·선전·계몽·소비의 체험공간」, 『역사비평』 67, 2004.

요시미 순야, 이태문 옮김, 『박람회』, 논형, 2004.(吉見俊哉, 『博覽會の政治學』, 1992)

장나영, 「식민지 조선의 가족 나들이 연구 – 1929년 조선박람회의 '어린이 나라'를 중심으로」, 건국대 석사논문, 2018.

하세봉, 「식민지권력의 두 가지 얼굴 – 조선박람회(1929년)와 대만박람회(1935년)의 비교」, 『역사와경계』 51, 2004.

※ 이 글은 발표 예정인 필자의 논문(「조선박람회 전시관 양식에 보이는 제국과 식민지, 수도와 지방」)의 일부를 해제 형식에 맞추어 수정한 것임을 밝힙니다.

1929년, 조선을 다시하다

I

조선미술전람회

1929년 조선을 박람하다 1

# 조선박람회기념사진첩

**초판인쇄** 2018년 8월 20일  **초판발행** 2018년 8월 25일
**옮긴이** 건국대학교 아시아콘텐츠연구소  **펴낸이** 박성모
**펴낸곳** 소명출판  **출판등록** 제13-522호  **주소** 서울시 서초구 서초중앙로6길 15, 1층
**전화** 02-585-7840  **팩스** 02-585-7848  **전자우편** somyungbooks@daum.net  **홈페이지** www.somyong.co.kr

값 28,000원
ISBN 979-11-5905-308-5  04910
ISBN 979-11-5905-307-8  (세트)

ⓒ 건국대학교 아시아콘텐츠연구소

이 저서는 2015년 정부(교육부)의 재원으로 한국연구재단의 지원을 받아 수행된 연구임
(NRF-2015S1A5B4A01036642)

건국대학교 아시아콘텐츠연구소
동아시아 모더니티 자료 01

1 9 2 9 년,
조 선 을
박람하다
1

# 조선박람회
# 기념사진첩

건국대학교 아시아콘텐츠연구소 옮김

소명출판

'모더니티(modernity)'의 의미를 생각할 때면, 다소 엉뚱하지만 "오늘은 어제의 미래이고 내일의 과거"라는 격언을 떠올리곤 한다. 이것은 '오늘'을 충실하게 살아가자는 의미로 종종 사용되는 경우이지만, 이를 학문적 영역과 맥락으로 본다면, 모더니티라는 외래어를 '근대성', '현대성', '현대적'과 같이 다양하게 '번역'하는 것의 의미를 그 무엇보다도 잘 설명하고 있기 때문이다. 다시 말해서 모더니티를 그 학문적 입장에 따라 '근대성'으로 보든, '현대성'으로 보든, 중요한 것은 그것이 '오늘'에 어떤 의미를 지니는가에 있기 때문이다.

실제로 한국에서 모더니티의 번역을 둘러싼 상황을 살펴보면, 모더니티를 역사적 시대와 연결하여 이해하는 논자들의 경우 근대 및 근대성이라는 용어를 선호하는 반면, 이를 삶의 형식 또는 사회문화적 현상으로 접근하려는 논자들은 현대 및 현대성이라는 용어를 선택하는 경향이 있다. 나아가 이러한 번역어 선택의 차이는 모더니티의 현재성과 그 위기의 강도에 대한 평가를 어느 정도 반영한다. 즉 근대성이라는 용어를 선택하는 경우는 대체로 모더니티에 대한 전면적 성찰과 비판을 중시하는 데 비해, 현대성이라는 용어는 모더니티의 현재적 영향력과 당위를 주시하는 입장에서 선택되는 경향이 있다.[1]

그런데 한국 사회를 바라보는 하나의 렌즈로서 '모더니티'를 선택한 순간, 우리 앞에는 아주 오래된, 하지만 그럼에도 여전히 뜨거운 '감자'라 할 수 있는 '식민성과 근대성의 관계'를 어떻게 볼 것인가라는 질문이 던져진다. 즉 식민성을 한국 사회의 근대성 성취에 도움을 준 것으로 볼 것인지, 아니면 장애물로 볼 것인지는 '21세기 대한민국'이라는 시공간을 어떻게 '인식'하는지를 규정하는 '오늘'의 '정치적' 사안이기 때문이다.

건국대학교 아시아콘텐츠연구소는 2014년 9월에 설립된 이후, 모더니티와 관련된 이론서 등을 검토하는 '20세기 모더니티 연구회'를 운영하는 한편, 연구자들의 성과물을 '동아시아 모더니티' 총서로 발행함으로써, 동아시아의 '오늘'을 규정짓는 '모더니티'에 천착해 왔다. 이와 같은 작업이 동아시아 모더니티를 어떻게 바라볼 것인지와 관련된 이론적 검토 및 연구 과정이었다면, 이제 발간하기 시작하는 '동아시아 모더니티 자료' 총서는 동아시아 모더니티에 관한 이론적 검토를 확인하는 1차 자료를 발굴하는 작업이라 할 수 있다. 이런 의미에서 '20세기 모더니티 연구회' → '동아시아 모더니티 자료' → '동아시아 모더니티 총서'의 연쇄는 아시아콘텐츠연구소가 지향하는 '연구공동체'의 선순환 과정이자 완성이기도 하다. 향후 연구소가 존속하는 한, 이 같은 연구공동체의 '선순환'을 실험해 나가고자 한다. 물론 그 실험이 '지금 여기'의 학문적 토양에서는 녹록지 않음을 너무도 잘 알고 있기는 하지만…….

2018년 6월 30일

건국대학교 아시아콘텐츠연구소

소장 박 삼 헌

1 장석만, 「개항기의 한국 사회와 근대성의 형성」, 김성기편, 『모더니티란 무엇인가』, 민음사, 1994, 261쪽.

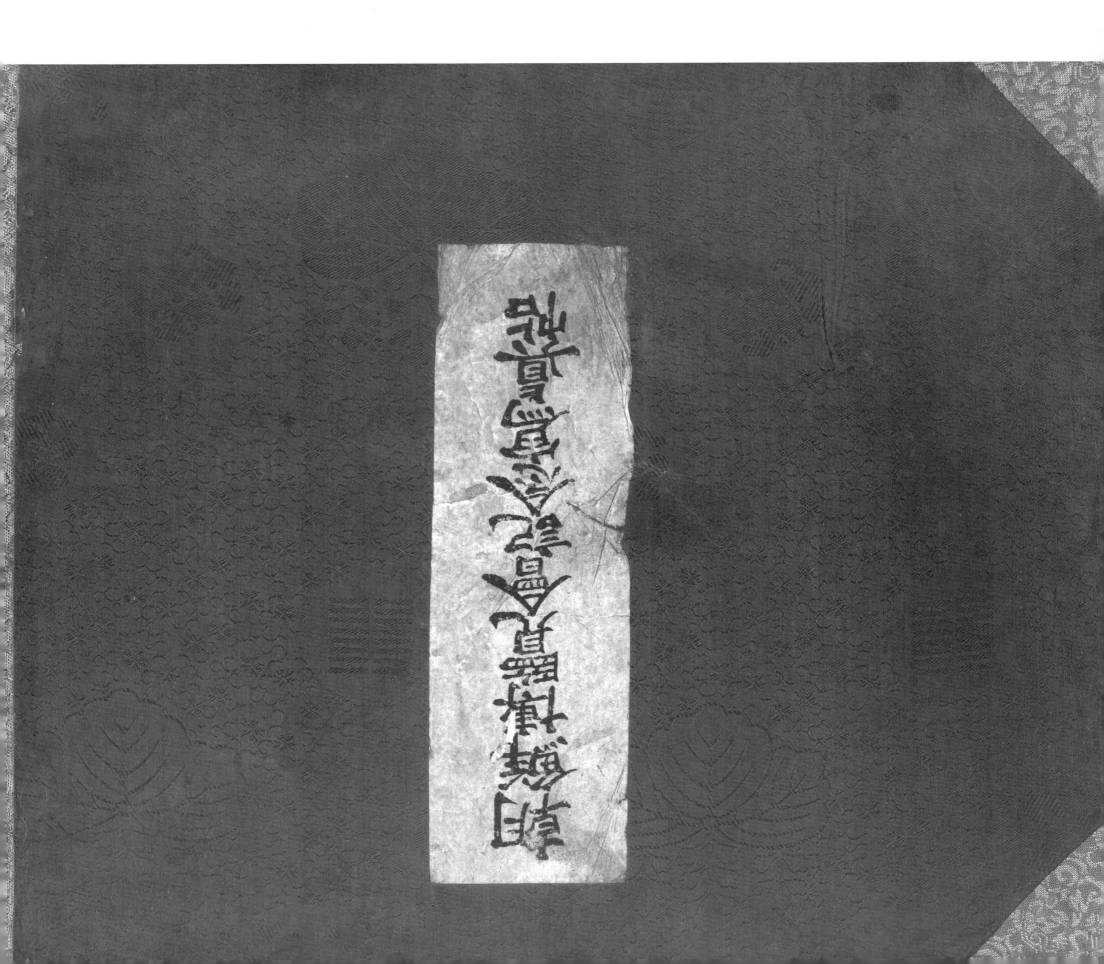

# 朝鮮博覽會記念寫眞帖

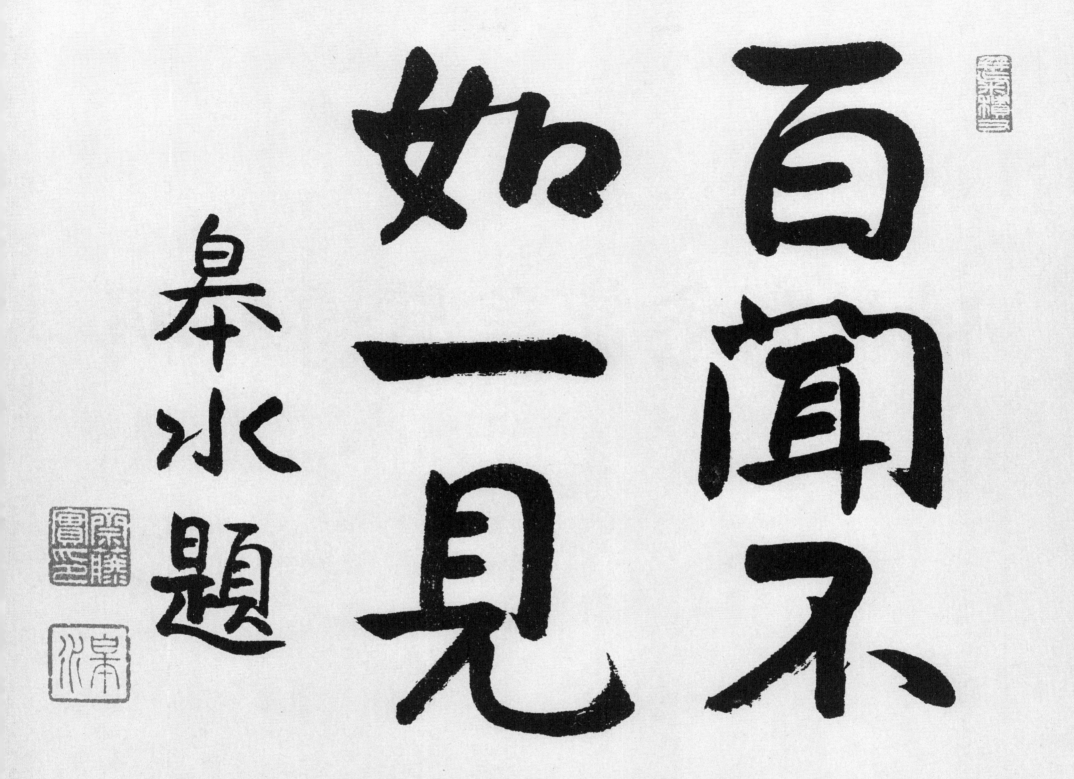

고스이皐水[1] 쓰다                        백문불여일견百聞不如一見

1 사이토 마코토(齋藤実)의 호. 사이토는 3대(1919.8.13~1927.12.10),
5대(1929.8.17~1931.6.17) 조선총독을 역임했다.

10

# 序

朝鮮總督府始政以來年ヲ閲スルコト二十年各般ノ施設經營ハ漸ク其ノ歩ヲ進メ文化産業經濟等順調ナル發達ヲ遂ケ舊時ニ比シ全ク其ノ面目ヲ一新シタリ本府ハ昭和四年九月十二日ヨリ同年十月三十一日ニ至ル五十日間ヲ選ヒ地ヲ京城ニトシ舊景福宮址及其ノ隣接地約十萬坪ヲ會場トシテ朝鮮博覽會ヲ開催シ疆内ニ於ケル産業、交通、土木、教育、衛生其ノ他各般ノ状況ヲ一場ニ展示スルト共ニ内地其ノ他各領土及外國ノ出品ヲモ多數網羅シ一ハ以テ施政二十年間ノ實績ヲ明ニシ他ハ以テ彼此較量シテ採長補短相互紹介ニ便シ疆内産業經濟ノ發展ニ資スルコトトセリ幸ニ官民各方面ノ熱心ナル後援ヲ得テ出品點數約十萬點ニ達シ入場人員亦百二十餘萬人ヲ算シ豫期ノ效果ヲ收ムルコトヲ得タリ本寫眞帖ハ朝鮮博覽會ニ關スル各種ノ資料約三百種ヲ輯錄セルモノニシテ獨リ博覽會ヲ記念スルニ止マラス將來ニ於ケル施政其ノ他ノ參考資料タラシメムコトヲ期スルモノナリ

昭和五年三月

朝鮮總督府

## 서문

조선총독부가 조선에서 시정을 시작한 지 20년 동안 제반 시설과 경영이 상당히 진척되고 문화·산업·경제 등도 순조롭게 발달하여 예전과 비교하니 면목이 완전히 새롭다. 이에 총독부는 1929년 9월 12일부터 10월 31일까지 50일 동안, 경성의 옛 경복궁 터와 인접 지역 약 10만 평을 회장으로 삼아 조선박람회를 개최하여, 조선의 산업·교통·토목·교육·위생 등 제반의 상황을 한 곳에 전시하고, 이와 함께 내지와 기타 영토 및 외국의 출품도 다수 망라하여 전시함으로써 첫째, 시정 20년 동안의 실적을 분명히 하고, 둘째, 여러 가지를 비교하여 장점은 취하고 단점은 보완하면서 상호간 소개에 편리를 도모하여 나라의 산업과 경제 발전에 도움이 되도록 하였다. 다행히 관과 민이 각 방면에서 열심히 후원하여 출품 수는 약 10만 점에 달하고, 입장 인원도 120만여 명에 이르러 예상한 바의 효과를 거두었다.

본 사진첩은 조선박람회에 관한 각종 자료 약 300종을 모아 수록한 것이다. 단순히 박람회를 기념하는 데 그치지 않고 장래의 시정과 기타에 참고 자료로 삼을 것을 기대하는 바이다.

1930년 3월

조선총독부

# 目次

## 목차

畜産館及其ノ内部　第五十二

陸軍館及其ノ内部　第五十三

海軍館及其ノ内部　第五十四

メートル館及其ノ内部　第五十五

山の館及其ノ内部、音楽堂　第五十六

京畿道館及其ノ内部、忠清北道館及其ノ内部　第五十七

忠清南道館、全羅北道館及其ノ内部　第五十八

全羅南道館、慶尚北道館及其ノ内部　第五十九

慶尚南道館及其ノ内部、黄海道館　第六十

平安南道館及其ノ内部、平安北道館及其ノ接待所　第六十一

江原道館、咸鏡南道館及其ノ内部　第六十二

咸鏡北道館及其ノ内部　第六十三

鉄道省館及其ノ内部、製鉄所館　第六十四

北海道館及其ノ内部　第六十五

台湾館及其ノ内部　第六十六

満蒙参考館及其ノ内部　第六十七

樺太館及其ノ内部　第六十八

大阪館及其ノ内部　第六十九

東京館及其ノ内部　第七十

京都館及其ノ内部　第七十一

九州館及其ノ内部（福岡県、大分県ノ部）　第七十二

九州館内部ノ二（佐賀県、宮崎県、長崎県ノ部）　第七十三

九州館内部ノ三（熊本県、鹿児島県、沖縄県ノ部）　第七十四

名古屋館及其ノ内部　第七十五

広島館及其ノ内部　第七十六

滋賀県館、三重県館、奈良県館、長崎商館　第七十七

貴賓館、香遠亭　第七十八

京城府全景

第一

京城府ハ舊ト漢陽又ハ漢城ト稱シ距今五百餘年前李
朝ノ始祖李成桂ガ覇府トシテ王基ヲ此處ニ奠テヨリ
半島ニ於ケル政治、敎育、經濟ノ中心ト爲リ固有文化ト
近代的文明トヲ相融合シ今ヤ半島ノ首都トシテ大京
城ノ建設ニ努メツヽアリ
市街ハ三面山ヲ繞ラシ北東ニハ巍峨タル三角山ヲ負
ヒ南方ニハ四時翠綠ノ南山ヲ擁シ西南ハ近ク漢江ノ
淸流ニ望ミ人口三十二萬二千人其ノ內內地人八萬七
千人ヲ算ス

제1

### 경성부 전경

경성부는 이전에 한양 또는 한성이라 칭했다. 지금으로부터 500여 년 전에 이씨 조선의 시조 이성계가 수도로 삼고 왕궁의 터를 이곳에 정한 이후 반도의 정치·교육·경제의 중심이 되었다. 고유문화와 근대적인 문명을 서로 융합하여 바야흐로 반도의 수도로서 대경성(大京城) 건설에 힘쓰고 있다.

시가지는 산이 삼면을 둘러싸고 있다. 북동쪽으로는 높고 큰 삼각산을 등지고 남쪽으로는 사계절이 푸르른 남산을 껴안고 서남쪽으로는 가까이 한강의 맑고 깨끗한 물을 바라보고 있다. 인구는 321,000명이며 그 중 87,000명이 내지인이다.

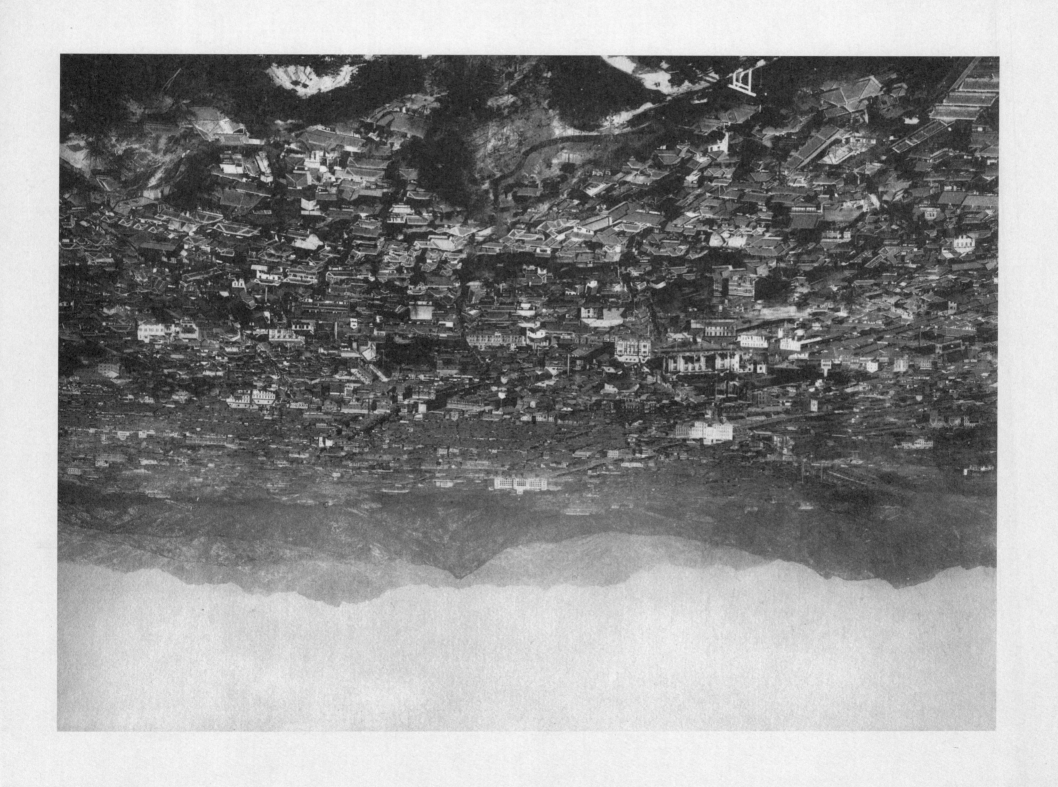

總督府廳舍

第二

十年ノ歳月ト工費七百萬圓ヲ投シ、大正十五年新築
落成シタルモノニシテ、五階建石張鐵筋コンクリー
ト造、各階總坪九千六百餘坪、中央塔ノ高サ百八十
尺、廳舍內外ノ完美ハ東洋稀ニ見ル大建築物ナリ

제2

## 총독부 청사

청사 건물은 10년의 시간과 공사비 7백만 원을 들여 1926년에 신축 완공했다. 외벽을 돌로 덧댄 철근콘크리트 구조의 5층 건물이다. 총 건평 9,600평이고, 중앙 탑의 높이는 180척이다. 청사의 외견과 내부의 아름다움은 동양에서 보기 드문 거대한 건축물이다.

閑院宮殿下會場御巡覽

第三

閑院宮殿下十月一日開會式二御臨場ノ後會場内ヲ

御巡覽遊ハサル

제3

**간인노미야(閑院宮) 전하 회장 순람**

간인노미야 전하는 10월 1일 개회식에 참석하고 회장을 둘러보셨다.

齋藤　總督（右）

兒玉政務總監（左）

第四

제4

**사이토**(齋藤) **총독**(오른쪽)

**고다마**(兒玉) **정무총감**(왼쪽)

22

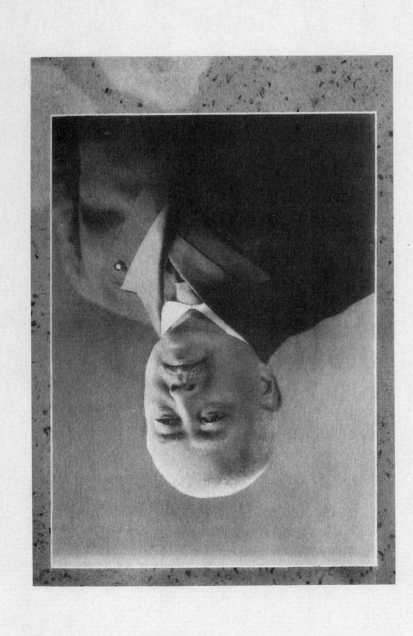

開場　式（上左）

開場式ニ於ケル總督政務總監万歳唱和（下左）

開會場（上右）

褒賞授與式（下右）

第五

**제5**

**개장식**(위의 왼쪽)

**개장식에서 총독과 정무총감이 만세를 선창하고 다 같이 따라함**(아래의 왼쪽)

**개회장**(위의 오른쪽)

**포상 수여식**(아래의 오른쪽)

勤政殿

勤政殿ハ舊景福宮ノ正殿ニシテ大禮ヲ行ハレシ所其
ノ前庭ハ宮廷公禮式ノ際文武官ヲ謁見セシ所ナリ
景福宮ハ五百有餘年前李朝大祖ノ創建ニ係リ二百有
餘年前亂民ノ爲灰燼ニ歸セシヲ今ヨリ六十年前攝政
大院君ガ一世ノ民力ヲ渇シ七百四十餘万兩ヲ投ジテ
再建シタル王宮ニシテ今ハ廢宮トナレルモ李朝末期
ノ代表的建築物ナリ

제6

### 근정전

근정전은 옛 경복궁의 정전으로 대례를 행하던 곳이다. 근정전 앞마당은 궁정의 공적인 예식이 열릴 때 문무관이 모여 임금을 알현하던 곳이기도 하다. 경복궁은 500여 년 전 이조 왕조의 태조가 창건했다. 200여 년 전 난민 때문에 소실된 것을 60년 전에 섭정 대원군이 백성들을 동원하고 740여만 냥(両)을 들여서 재건했다. 지금은 폐궁이지만, 이조 말기의 대표적인 건축물이다.

三角山上ヨリ見タル會場

第七

會場ハ舊景福宮ノ一部約十萬坪ニ設營シタルモノニ
シテ、本光景ハ京城ノ北東三角山上ヨリ會場ヲ俯瞰
セシモノナリ

---

제7

**삼각산에서 내려다 본 회장**

회장은 옛 경복궁의 일부 약 10만 평에 조성되었으며, 이 광경은 경성의 북동쪽에 있는 삼각산에서 회장을 내려다 본
것이다.

南大門及其ノ夜景

第八

南大門ハ距今五百有余年前ノ建築ニシテ、崇禮門ト
稱シ京城四大門中最大ナルモノニシテ、李朝時代ニ
ハ高サ二丈餘ノ城壁ニ連絡シ、京城ヲ圍ハ一大城廓
ノ一門タリシモノナリ

제8

## 남대문과 야경

남대문은 500여 년 전에 건축되었고 숭례문이라 부른다. 경성 4대문 중 가장 큰 문이다. 이조 시대에는 높이 2장(丈) 남
짓 성벽으로 연결되어 경성을 둘러싼 성곽 문 중 하나이다.

京城驛前歡迎門（上）

會場入口裝飾門（下左）

同上夜景（下右）

第九

光化門通夜景（上）

會塲入口中門（下左）

會塲正門（下右）

第一〇

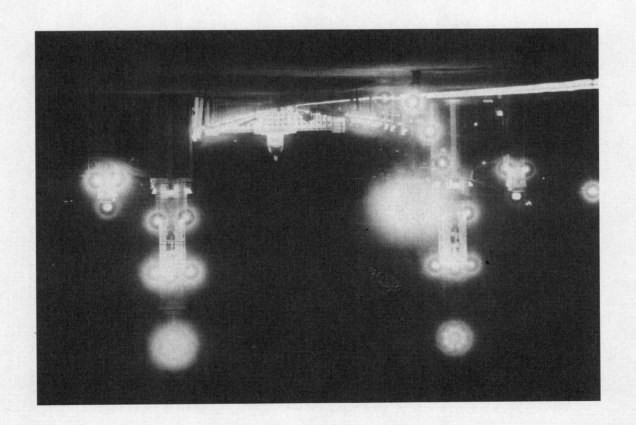

第一一

產業南館(上)及其ノ内部
(農業ノ部)（下左及右）

產業南館ハ朝鮮ニ於テ生產シタル農產物、水產物、
林產物ヲ網羅陳列セル朝鮮式千百五坪ノ建築ナリ

---

**제11**

**산업남관**(위)**과 내부**(농업 부문(아래의 왼쪽과 오른쪽))

산업남관은 조선에서 생산되는 모든 농산물·수산물·임산물을 모아 진열한, 1,105평 크기의 조선식 건축물이다.

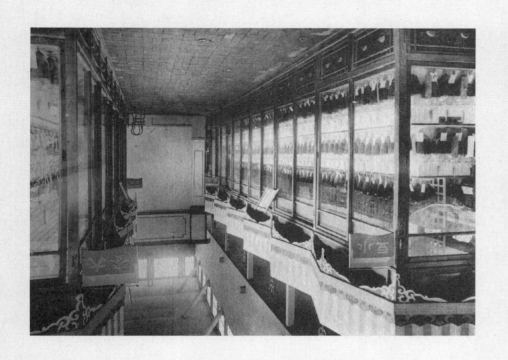

産業南館内部　其ノ二

林業ノ部（上左及右）

專賣局煙草製造實演（下）

第一二

產業南館內部　其ノ三

蠶絲業ノ部（上左）　　水產業ノ部（下）

農具ノ部（上右）

第一三

제13

산업남관 내부 3
　잠사업 부문(위의 왼쪽)
　수산업 부문(아래)
　농기구 부문(위의 오른쪽)

產業南館內部 其ノ四

蠶絲業ノ部（上左）　畜產業ノ部（下左）

勸業模範場出品（上右）　水產業ノ部（下右）

第一四

產業南館內部　其ノ五

三中井吳服店出品（上左）　　丁字屋出品（下）

東洋拓殖會社出品（上右）

第一五

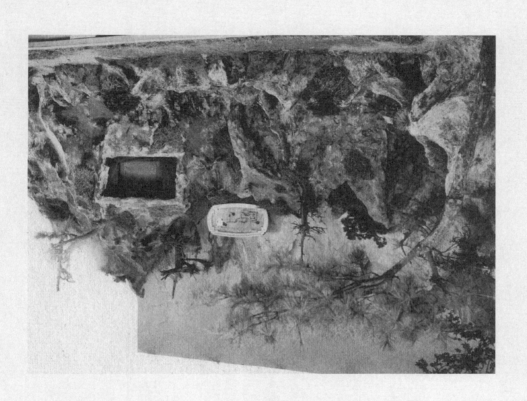

第一六

産業北館(上)及其ノ内部

（飲食料品ノ部（下右及下左））

産業北館ハ朝鮮ニ於テ生產シタル各種工產物及鑛產
物ヲ網羅陳列シタルモノニシテ建坪七百七十坪ヲ有
スル朝鮮式建築ナリ

**제16**

**산업북관**(위)**과 내부**(식음료품 부문(아래의 왼쪽과 오른쪽))

산업북관은 조선에서 생산되는 각종 공산물과 광산물을 모아 진열한 곳으로 건평 770평의 조선식 건축물이다.

產業北館內部　其ノ二

染織業ノ部（上左）

染織及製作工業ノ部（上右）

三越吳服店出品（下）

第一七

제17

## 산업북관 내부 2

염직업 부문(위의 왼쪽)

염직과 제작공업 부문(위의 오른쪽)

미쓰코시三越백화점 출품(아래)

產業北館內部　其ノ三

鑛業ノ部（上左及下）

中央試驗所出品（上右）

第一八

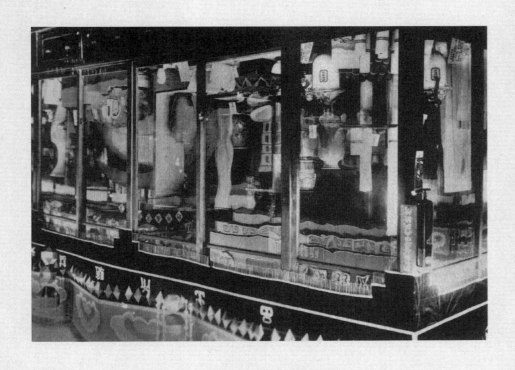

米ノ館（上）及其ノ内部
（全羅北道水利組合出品ト豊年踊（下左））
米ノ出品（下右）

米ノ館ハ朝鮮ニ於テ生産シタル米及米ノ改良、輪移
出ト利用ニ關スル出品、水利開墾ト産米増殖ニ關ス
ル大摸型等ヲ陳列シ、米ニ關スル有ユル施設ヲ展示
シタルモノニシテ建坪二百坪朝鮮式建築ナリ

**제19**

**미곡관**(위)**과 내부**(전라북도 수리조합 출품과 풍년 춤(아래의 왼쪽)) **쌀 출품**(아래의 오른쪽))

미곡관은 조선에서 생산된 쌀 및 쌀의 개량, 수출입 이용에 관한 출품, 수리 개간과 산미증식에 관한 대형 모형을 진열했다. 쌀에 관한 모든 시설을 전시한 곳으로, 건평 200평의 조선식 건물이다.

米ノ館内部　其ノ二

米ノ出品及水利模型

第二〇

제20

미곡관 내부 2
　　출품된 쌀과 수리 모형

會社等ノ各種出品ヲ展示セリ

リテハ銀行、金融組合、産業組合、保險會社、無盡

模型及社會事業團体ノ成績等ヲ陳列シ、經濟部ニア

リ、社會事業ニアリテハ活動寫眞ノ外各種統計圖表

會事業ノ出品ニ他ノ百坪ヲ經濟關係ノ出品ニ充當セ

社會經濟館ハ二百坪ノ朝鮮式建築ニシテ内百坪ヲ社

（社會事業ノ部（下左）經濟ノ部（下右））

社會經濟館（上）及其ノ内部

第二一

---

제21

**사회·경제관**(위)**과 그 내부**(사회사업 부문(아래의 왼쪽) 경제 부문(아래의 오른쪽))

사회·경제관은 200평 조선식 건축물이다. 내부는 100평 정도이고 사회사업에 관한 물품 이외에 100평 정도를 경제와 관계된 물품으로 충당했다. 사회사업은 활동사진 외에 각종 통계와 도표, 모형과 사회사업 단체의 성과를 진열했다. 경제 부문에서는 은행·금융조합·산업조합·보험회사·무진회사(오늘날의 상호신용금고) 등이 각종 물품을 전시했다.

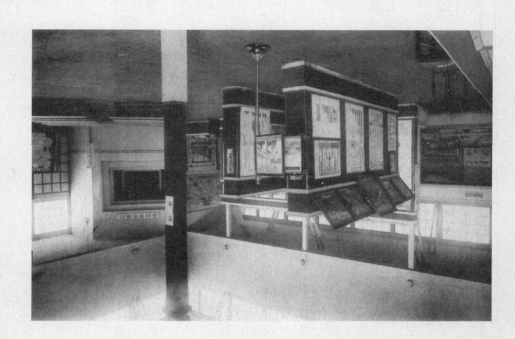

社會經濟館內部　其ノ二

朝鮮生命保險會社出品（左）　　朝鮮殖産銀行出品（上右）

朝鮮火災保險會社出品（下右）

第二二

제22

사회 · 경제관 내부 2
　　조선생명보험회사 출품(왼쪽)
　　조선식산은행 출품(위의 오른쪽)
　　조선화재보험회사 출품(아래의 오른쪽)

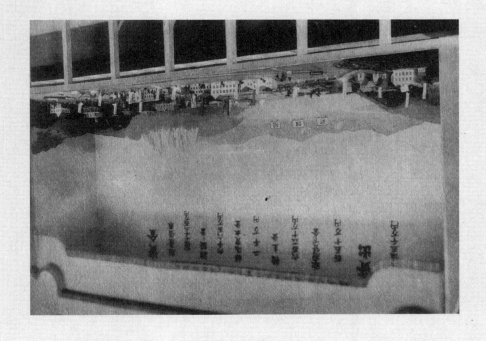

美術工藝教育館（上）及其ノ内部

（美術ノ部（下右及左））

美術工藝教育館ハ建坪五百坪ノ朝鮮式建築ニシテ全
館ヲ美術工藝（二百坪）、教育（三百坪）ノ二部ニ分チ、美
術工藝部ニハ書畫、新古美術品又教育部ニハ各學校
ノ狀況、宗教、天文、体育等美術、工藝、教育ニ關
スル各種ノ出品ヲ網羅セリ

第二三

**제23**

**미술공예·교육관**(위)**과 내부**(미술 부문(아래의 왼쪽과 오른쪽))

미술공예·교육관은 건평 500평의 조선식 건축물이다. 전관을 미술공예(200평)와 교육(300평)으로 나누었다. 미술공예 부문에는 서화, 고미술품과 신미술품을, 교육 부문에는 각 학교의 상황, 종교, 천문, 체육 등 미술·공예·교육에 관한 각종 출품을 망라했다.

美術工藝教育館內部　其ノ二

美術工藝部（上左及右）

教育部（下）

第二四

제24

미술공예 · 교육관 내부 2
　미술공예 부문(위의 왼쪽과 오른쪽)
　교육 부문(아래)

美術工藝教育館内部 其ノ三

第二五

教育部ニシテ下方ハ体育ニ關スル出品

미술공예·교육관 내부 3
교육 부문의 아래쪽은 체육에 관한 출품

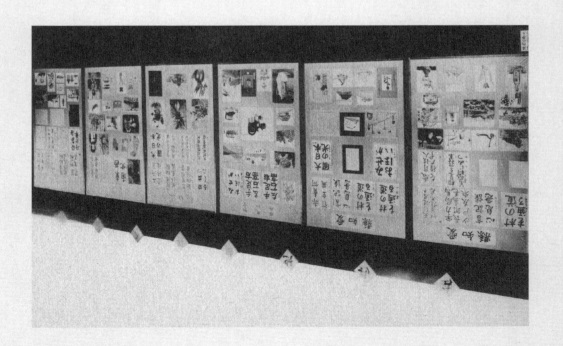

審勢館⟨上⟩及其ノ内部

（入口廣場⟨右⟩ 京畿道ノ部⟨下左⟩）

第二六

審勢館ハ朝鮮十三道ニ於ケル道勢ト各種ノ施設ヲ一
堂ノ内ニ展示セル建坪五百坪ノ朝鮮式建物ニシテ、
内部ヲ道別ニ區劃シ各道毎ニ巨費ヲ投シテ裝飾意匠
ヲ凝ラシタルモノナリ

**제26**

**심세관審勢館(위)과 내부(입구 광장(오른쪽), 경기도 부문(아래의 왼쪽))**

심세관은 조선 13도 각각의 도세道勢와 각종 시설을 한 건물 안에 전시한 건평 500평의 조선식 건물이다. 내부를 각 도 별로 나누고 각 도마다 거금을 들여 장식과 디자인에 힘썼다.

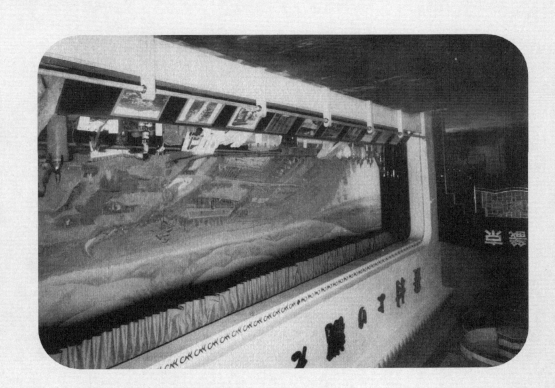

審勢館內部　其ノ二

忠清北道ノ部（上左）

忠清南道ノ部（下左）

全羅北道ノ部（右）

第二七

審勢館內部　其ノ三

全羅南道ノ部（上左）　慶尙北道ノ部（右）

慶尙南道ノ部（下左）

第二八

審勢館內部　其ノ四

黃海道ノ部（上左）　平安南道ノ部（下）

平安北道ノ部（右）

第二九

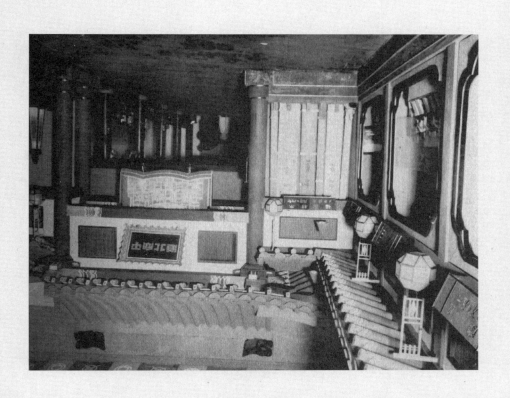

審勢館內部　其ノ五

江原道ノ部（上左）　咸鏡南道ノ部（下左）

咸鏡北道ノ部（右）

第三〇

總督府樓上ヨリ見タル會場ノ光景

第三一

제31

총독부 옥상에서 바라본 회장 광경

第三二

慶會樓

慶會樓ハ舊景福宮ノ宴會場トシテ、勤政殿ト共ニ大院君ノ建設ニ係リ東西十九間、南北十八間、高サ十五尺ノ大石柱四十八本ヲ以テ支ヘラレタル大樓臺ニシテ三千六百坪ノ池中ニ浮出シ階上階下各三千人ヲ容ル、ニ足ル

제32

### 경회루

경회루는 옛 경복궁의 연회장이다. 대원군이 근정전과 함께 건설했다. 동서 19간(間), 남북 18간, 높이 15척의 큰 돌기둥 48개가 받치고 있는 대형 누각으로, 3,600평 연못 위에 떠 있다. 위아래층 각각 3,000명을 수용할 수 있다.

第三三

交通土木建築館（上）及其ノ內部交通部
（鐵道局出品（下左）遞信局出品（下右））

交通土木建築館ハ五百五十坪ノ洋式建築ニシテ、交
通部ニハ鐵道及遞信ニ關スル出品ヲ土木部ニハ港灣
道路、河川等ニ關スル出品ヲ又建築部ニハ各種建築
用材料、器具其ノ他建築ニ關ヌル出品ヲ陳列セリ

제33

**교통·토목·건축관(위)과 내부 교통 부문(철도국 출품**(아래의 왼쪽)**, 체신국 출품**(아래의 오른쪽)**)**

교통·토목·건축관은 550평 서양식 건축물이다. 교통 부문에서는 철도와 체신에 관한 출품을, 토목 부문에서는 항만·도로·하천에 관한 출품을, 그리고 건축 부문에서는 각종 건축용 재료와 기구, 기타 건축에 관한 출품을 진열했다.

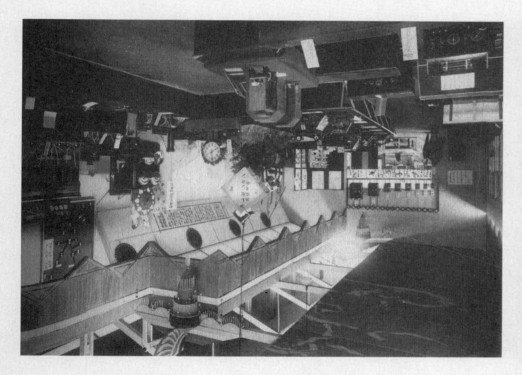

交通土木建築館内部　其ノ二

土木部（上左）

建築部（上右及下）

第三四

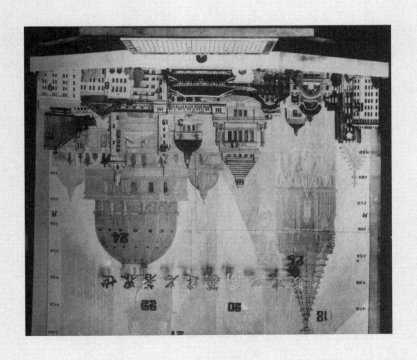

第三五

司法警務衛生館(上)及其ノ内部司法部

(昔ノ裁判(下左) 今ノ裁判(下右))

司法警務衛生館ハ三百二十坪ノ洋式建築ニシテ、司
法部ニハ各刑務所事業成績品、摸型等ヲ警務部ニハ
警務ニ關スル有益ナル各種資料ヲ又衛生部ニアリテ
ハ傳染病及性病寄生蟲結核口腔衛生等ニ關スル各種
摸型成績等ヲ陳列セリ

**제35**

**사법·경무·위생관(위)과 사법 부문 내부(옛 재판(아래의 왼쪽)과 현 재판(아래의 오른쪽))**

사법·경무·위생관은 320평 서양식 건축물이다. 사법 부문에는 각 형무소 사업 실적품과 모형을, 경무 부문에서는 경무에 관한 유익한 각종 자료를, 그리고 위생 부문에는 전염병과 성병, 기생충, 결핵, 구강 위생에 관한 각종 모형과 실적을 진열했다.

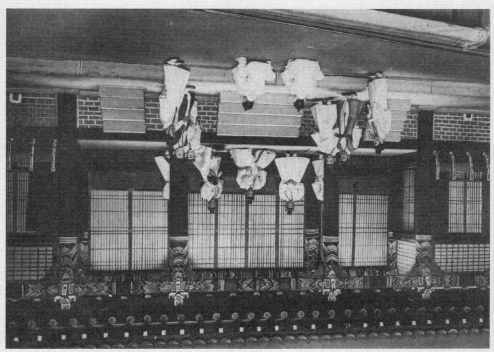

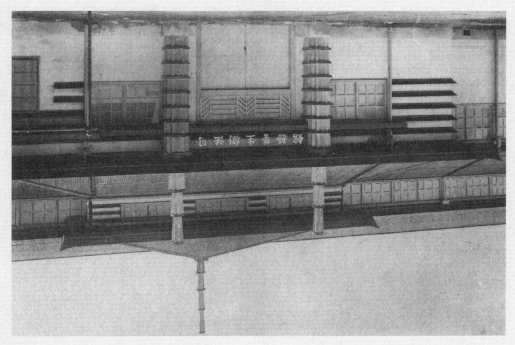

司法警務衛生館内部　其ノ二

司　法　部　(上左)　警　務　部　(上右及下)

第
三
六

司法警務衛生館內部　其ノ三

衛　生　部

第三七

제37

사법·경무·위생관 내부 3
위생 부문

機械電氣館（上）及其ノ内部

第三八

機械電氣館內部　其ノ二

第三九

제39

기계·전기관 내부 2

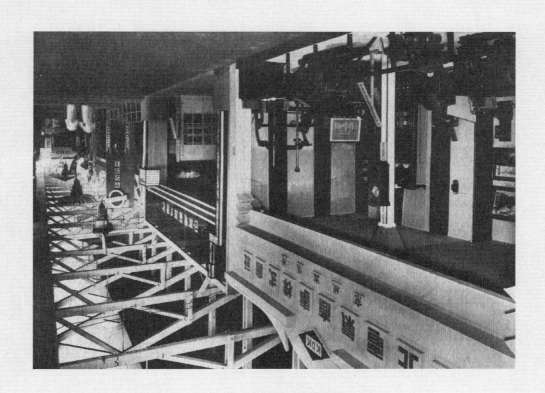

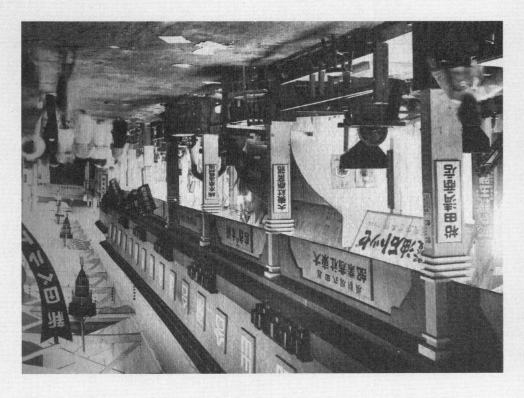

内地館(上)及其ノ内部
(埼玉縣(下右) 群馬縣及福井縣(下左))

第四〇

內地館ハ千四百三十七坪ノ洋式建築ニシテ兵庫縣外
二十九縣ノ物産ヲ各縣別ニ陳列セリ

제40

**내지관**(위)**과 내부**(사이타마埼玉현(아래의 오른쪽), **군마**群馬**현과 후쿠이**福井**현**(아래의 왼쪽))

내지관은 1,437평 서양식 건축물이고, 효고兵庫현 외 29개 현의 물산을 각 현별로 진열했다.

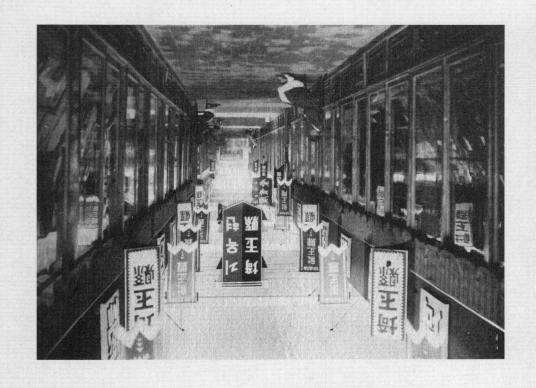

內地館內部　其ノ二

德島縣ノ部（上右）鳥取縣ノ部（下右）

山形縣ノ部（上左）愛媛縣ノ部（下左）

第四一

---

內地館內部 其ノ三

新潟縣ノ部（上右）神奈川縣ノ部（下右）

靜岡縣ノ部（上左）廣島縣ノ部（下左）

第四二

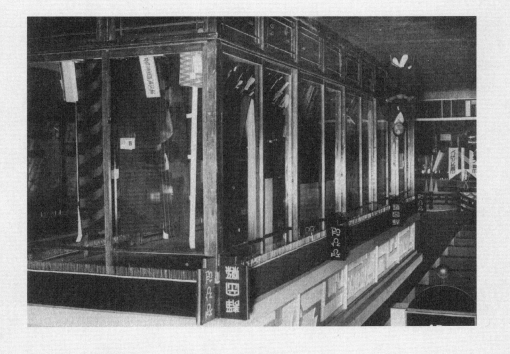

內地館內部　其ノ四

茨城縣ノ部（上右）　栃木縣ノ部（下右）

兵庫縣ノ部（上左）　石川縣ノ部（下左）

第四三

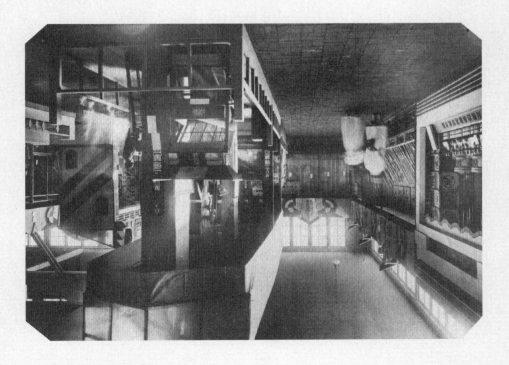

内地館内部　其ノ五

和歌山縣ノ部
（上右）
岐阜縣ノ部
（下右）

盛岡市ノ部
（上左）
島根縣ノ部
（下左）

第四四

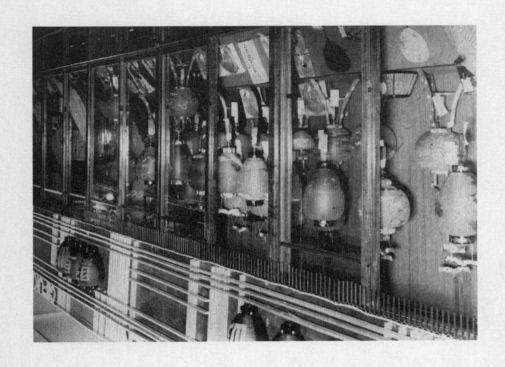
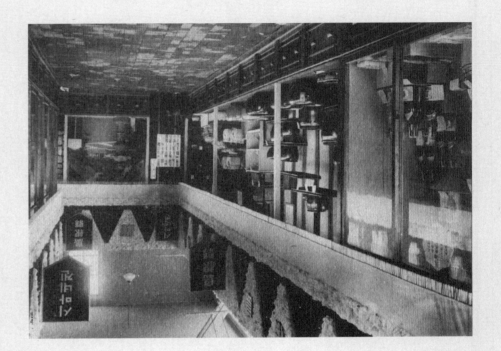

內地館內部　其ノ六

香川縣ノ部（上右）　奈良縣ノ部（下右）

三重縣ノ部（中央）　宮城縣ノ部（上左）

山口縣ノ部（下左）

第四五

内地館內部　其ノ七

愛知縣ノ部（上右）岡山縣ノ部（下右）

山梨縣ノ部（上左）高知縣ノ部（下左）

第四六

內地館內部　其ノ八　特別裝飾陳列

日本毛織株式會社（上右）

株式會社小林商店（下右）

朝鮮移出絹布商聯合會（上左）

森永製菓會社（下左）

第四七

---

參考館(上)及其ノ内部
（大阪每日新聞社出品(下左) 大阪朝日新聞社出品(下右)）

第四八

參考館ハ六百坪ノ洋式建築ニシテ官公署、學校、外
國、新聞社、運輸汽船會社等ノ參考出品ヲ陳列シ、
就中農林省、商工省、司法省關係出品、南洋廳出品
大阪每日新聞社經營ノ人造人間、大阪朝日新聞社ノ
事業出品、佛蘭西、白耳義等ノ出品ハ極メテ貴重ナ
ル參考資料タリ

제48

**참고관**(위)**과 내부**(오사카마이니치大阪每日**신문사 출품**(아래의 왼쪽), **오사카아사히**大阪朝日**신문사 출품**(아래의 오른쪽))

참고관은 600평 서양식 건축물로, 관공서·학교·외국·신문사·운수기선회사 등의 참고 출품을 진열했다. 그중 농림성·상공성·사법성 관계 출품, 남양청 출품, 오사카마이니치 신문사가 출품한 인조인간, 오사카아사히 신문사의 사업 출품, 프랑스, 벨기에 등의 출품은 매우 귀중한 참고 자료이다.

參考館內部 其ノ二

大阪商船會社出品 (上左)

南洋廳出品 (右)

佛蘭西出品 (下)

第四九

接待館（上） 同上側面（下）

第五〇

接待館ハ慶會樓ノ池中ニ建設セル純朝鮮式建物ニシ
タ京城協贊會ヲシテ來賓ノ接待ニ當ラシメタリ

## 제50

**접대관**(위) **접대관 측면**(아래)

접대관은 경회루 연못에 건설된 순수한 조선식 건축물이다. 경성협찬회가 내빈 접대에 이용했다.

水　族　館（上左）及其ノ内部（下左）

活動寫眞館（上右）及其ノ内部（下右）

第五一

水族館ハ百四十坪ノ洋式建築ニシテ、中央ニ二十四坪ノ海獸池ヲ作リ、又周圍ニ設ケタル三十八個ノ水槽ニハ淡水及海水魚ヲ遊戈セシメタリ

活動寫眞館ハ百十二坪ノ洋式建築ニシテ、朝鮮總督府ノ施政其ノ他ニ關スル映畵及内地、各殖民地、外國等ノ事情宣傳ニ關スル映畵ヲ映寫シ其ノ間音樂會等ヲ開催セリ

**제51**

**수족관**(위의 왼쪽)**과 내부**(아래의 왼쪽)

**활동사진관**(위의 오른쪽)**과 내부**(아래의 오른쪽)

수족관은 140평 서양식 건축물이다. 중앙에는 24평 해수지海獸池를 만들고, 주위에 수조 38개를 만들어 담수어와 해수어를 풀어 놓았다.

활동사진관은 112평 서양식 건축물이다. 조선총독부의 시정 등에 관한 영화 및 내지, 각 식민지, 외국 등의 사정과 선전에 관한 영화를 상영하고, 영화와 영화 사이에 음악회를 개최했다.

第五二

畜産館（上）及其ノ内部
（鷄舎（下左）牛ノ審査（下右））

畜産館ハ千五百坪ノ畜舎ヲ有シ牛、豚、羊、鷄等ヲ陳列セリ

제52

**축산관**(위)**과 내부**(닭 축사(아래의 왼쪽) 소의 심사(아래의 오른쪽))

축산관은 1,500평 축사를 지어 소, 돼지, 양, 닭 등을 진열했다.

陸軍館（上）及其ノ内部

第五三

陸軍館ハ百五十坪ノ洋式建築ニシテ、陸軍省出品ノ
彼服、兵器、銃器、野戰大摸型、塹壕ニ於ケル作業
等多數有益ナル資料ヲ陳列シ尙館外ニ「タンク」ヲ配
置セリ

**제53**

## 육군관⒀과 내부

육군관은 150평 서양식 건축물이다. 육군성이 출품한 피복, 병기, 총기, 대형 야전 모형, 참호 작업 등 다수의 유익한 자료를 진열했다. 육군관 밖에는 탱크를 배치했다.

海軍館（左）及其ノ内部

第五四

海軍館ハ百五十坪ノ軍艦型甲板付建築ニシテ、海軍
省出品ノ各種兵器、艦型及水雷爆破、無電操縱ノ實
演等最近ニ於ケル科學應用戰ヲ會得セシムヘキ貴重
ナル資料ヲ以テ充タサレタリ

**제54**

**해군관(왼쪽)과 내부**

해군관은 군함형 갑판을 붙인 150평 건축물이다. 해군성이 출품한 각종 병기, 군함 모형 및 수뢰 폭파, 무전 조종 실연
등 최신의 과학을 응용한 전투를 이해할 수 있는 귀중한 자료로 채워졌다.

メートル館（左）及其ノ内部

第五五

メートル館ハ慶會樓池畔ニ設ケタル朝鮮式四十坪ノ
風雅ナル建物ニシテ「メートル」法ノ宣傳普及ニ關スル
各種ノ出品ヲ陳列セリ

**제55**

**미터관(왼쪽)과 내부**

미터관은 경회루 연못 옆에 조선식으로 건설한 아름다운 40평 건축물로, 미터법 선전과 보급에 관한 각종 출품을 진열했다.

山の館（上左）及其ノ内部（下左）
音樂堂（下右）

山の館ハ約六十坪ノ丸太造八角形ノ建築ニシテ、總
督府山林部ノ特設經營ニ係リ內周ヲ植林獎勵、山林
愛護等ノ「パノラマ」ト爲シ、中央ヲ廻リ舞台ニ仕組ミ
廻轉シツ、觀覽セシメタリ

第五六

---

**제56**

**산의 관**(위의 왼쪽)**과 내부**(아래의 왼쪽, 위의 오른쪽)

**음악당**(아래의 오른쪽)

산의 관은 약 60평으로 둥글게 만든 팔각형 건축물이다. 총독부 산림부가 특설 운영했다. 내부 벽에 식림 장려와 산림 애호 등의 내용으로 파노라마를 만들고, 중앙에 회전 무대를 설치하여 돌면서 관람하도록 했다.

第五七

京畿道館（上左）及其ノ內部（下左）
忠清北道館（上右）及其ノ內部（下右）

京畿道館ハ京畿道ノ特設建物ニシテ、三百十五坪ヲ
有シ道內ノ重要工産物及有名商店ノ商品ヲ陳列シ即
賣所ヲ設ケ各道特設館中ノ最大規模ノモノナリ
忠清北道館ハ忠清北道及道協贊會ノ經營ニナル三十
坪ノ特設館ニシテ、物産ノ即賣及休憩所ノ設備ヲナ
セリ

（以下十一箇所ノ各道特設館ハ總テ道及道協贊會ノ
經營スルトコロナルヲ以テ設備概ネ同一ナリ）

---

**제57**

**경기도관**(위의 왼쪽)**과 내부**(아래의 왼쪽)

**충청북도관**(위의 오른쪽)**과 내부**(아래의 오른쪽)

경기도관은 경기도의 특설 건물로 315평이다. 도내의 중요 공산물과 유명 상점의 상품을 진열하고 현장 판매소를 설치했다. 도별 특설관 중 최대 규모였다.

충청북도관은 충청북도와 충청북도협찬회가 경영하는 36평의 특별관이다. 물산의 현장 판매와 휴게소를 갖추었다.

(이하 도별 11곳의 특설관은 모두 각 도와 각 도협찬회가 운영했으며, 그 설비도 거의 유사하다.)

忠清南道館（右）

全羅北道館（上左）及其ノ内部（下左）

忠清南道館ハ五十坪ノ建築ニシテ、道内観覧人ノ休憩所ヲ設ケタリ

全羅北道館ハ百二十二坪ノ外部極彩色ノ建築ニシテ物産ノ即賣、特産品ノ製作實演及食堂ヲ經營シ接待室ノ設備ヲナセリ

第五八

---

**제58**

**충청남도관**(오른쪽)

**전라북도관**(위의 왼쪽)**과 내부**(아래의 왼쪽)

충청남도관은 50평 건축물이고, 도내 관람인 휴게소를 설치했다.

전라북도관은 외관이 매우 아름다운 122평의 건축물이다. 물산의 현장 판매, 특산품 제작 실연과 식당을 경영하고 접대실을 갖추었다.

全羅南道館（左）

慶尙北道館（上右）及其ノ內部（下）

第五九

全羅南道館ハ二百餘坪ノ建築ニシテ、物產ノ即賣、食堂、休憩所等ノ經營ノ外活動寫眞及物產宣傳ノ舞踊ヲ公開セリ

慶尙北道館ハ即賣所、食堂及休憩所ノ外階上ニ接待室ヲ設ケタル百四坪ノ特設館ナリ

**제59**

**전라남도관**(왼쪽)

**경상북도관**(위의 오른쪽)**과 내부**(아래)

전라남도관은 200여 평의 건축물로, 물산의 현장 판매, 식당, 휴게소 운영 이외에 활동사진 및 물산 선전 무용을 공개했다.

경상북도관은 현장 판매소, 식당과 휴게소 외에 2층에 접대실을 설치한 104평의 특설관이다.

第六〇

慶尙南道館(上左) 及其ノ內部(下)

黃海道館(右)

慶尙南道館ハ百十五坪ノ建物ニシテ、階下ニ即賣所
食堂ヲ又階上ニ接待室ヲ設ケタリ
黃海道館ハ賣店ノ外休憩所ヲ設ケタル五十坪ノ建物
ナリ

**제60**

**경상남도관**(위의 왼쪽)**과 내부**(아래)**, 황해도관**(오른쪽)

경상남도관은 115평 건물이다. 1층에 판매소와 식당을, 2층에는 접대실을 설치했다.
황해도관은 매점 이외에 휴게소를 설치한 50평 건물이다.

第六一

平安南道館（上左）、及其ノ内部（下左）、
平安北道館（上右）、及其ノ接待所（下右）

平安南道館ハ玄武門ニ模シタル純朝鮮式百二十四坪
ノ建物ニシテ階下ニ陳列所、即賣所及食堂ヲ、又階
上ニ接待室ヲ設ケタリ
平安北道館ハ七十五坪ノ即賣所及食堂、休憩所ノ外
別ニ鴨緑江材ヲ利用シタル十二坪ノ瀟洒ナル茶室ヲ
設ケ木材ノ宣傳ト接待ニ努メタリ

**제61**

**평안남도관**(위의 왼쪽)**과 내부, 평안북도관**(위의 오른쪽)**과 접대소**(아래의 오른쪽)

평안남도관은 현무문을 모방한 124평의 순수한 조선식 건물이다. 1층에는 진열소, 현장 판매소와 식당을, 2층에는 접대실을 설치했다.
평안북도관은 75평의 현장 판매소와 식당, 휴게소 이외에 특별히 압록강의 목재로 산뜻하고 맵시 있는 12평 다실을 만들어 목재 선전과 접대에 힘썼다.

第六二

咸鏡南道館（上右）及其ノ內部（下）
江原道館（上左）

江原道館ハ丸太造四十五坪ノ建築ニシテ休憩所及食
堂ヲ經營セリ
咸鏡南道館ハ通路ニ面シ朝鮮水電及朝鮮窒素兩社ノ
大模型及即賣所ヲ設ケ階上ニ咸興市街ノ大「パノラ
マ」ヲ作リ休憩所及食堂ヲ經營セリ、　建坪百七十坪

제62

**함경남도관**(위의 오른쪽)**과 내부**(아래)**, 강원도관**(위의 왼쪽)

강원도관은 둥글게 만든 45평 건축물이고, 휴게소와 식당을 운영했다.
함경남도관은 통로를 따라 조선수전朝鮮水電과 조선질소 두 회사의 대규모 모형과 현장 판매소를 설치했다. 2층에는
함흥 시내를 그린 대형 파노라마를 설치하고 휴게소와 식당을 운영했다. 건평 170평이다.

咸鏡北道館（左）及其ノ內部

第六三

咸鏡北道館ハ八角形高サ百尺ノ白亞塔ヲ中心トシ階下ヲ陳列及即賣所ニ階上ヲ休憩所及迎賓室ニ充テ事情ノ宣傳及茶菓ノ接待ヲ爲セリ、建坪七十坪

**제63**

### 함경북도관(왼쪽)과 내부

함경북도관은 높이 100척의 팔각형 중앙에 백아탑을 설치했다. 1층에는 진열과 현장 판매소를, 2층에는 휴게소와 영빈실을 만들었다. 이는 도의 사정을 선전하고 다과를 접대하기 위한 것이었다. 건평 70평.

鐵道省館(上左)、及其ノ內部(下)、
製鐵所館(右)

鐵道省館ハ鐵道ノ現勢及鐵道ニ關スル智識ノ普及ヲ
計ルヘキ種々ノ施設ヲ公開セリ、建坪二百坪
製鐵所館ハ八幡製鐵所ノ經營ニシテ精巧ナル製鐵ノ
工程模型ヲ陳列シ內部ニハ活動寫眞室ヲ設ケテ製鐵
ニ關スル映寫ヲ爲セリ、建坪百坪

第六四

**제64**

**철도성관**(위의 왼쪽) **및 내부, 제철소관**(오른쪽)

철도성관은 철도의 현재 상황과 철도에 관한 지식 보급을 도모하는 각종 시설을 공개했다. 건평 200평.
제철소관은 야하타(八幡)제철소가 운영했고, 정교한 제철 공정 모형을 진열하였으며, 내부에는 활동사진실을 설치하여
제철에 관한 영상을 보여주었다. 건평 100평.

北海道館（上左、及其ノ内部）

第六五

北海道館ハ北海道廳ノ建設ニシテ百二十五坪ヲ有シ陳列場ノ外即賣所及食堂ヲ經營セリ、木村、海産物、獸毛皮等ノ重要物産ノ陳列ハ大ニ本館ニ異彩ヲ放テリ

**제65**

**훗카이도관**(위의 왼쪽)**과 내부**

훗카이도관은 훗카이도청이 건설했다. 125평이다. 진열장 이외에 현장 판매소와 식당을 운영했다. 목재·해산물·모피와 같은 중요 물산의 진열은 본관에서 색다름을 보여주었다.

臺灣館（上左）、及其ノ內部

第六六

臺灣館ハ建坪二百十坪ヲ有スル臺灣式ノ建物ニシテ
臺灣總督府ノ經營ニ係リ、階下ニハ樟腦、熱帶植物
ヲ中心トシ、陳列所及即賣所、活動寫眞室、食堂ヲ
又階上ニハ接待室ヲ設ケ、臺灣ノ紹介ニ遺憾ナキ施
設ヲナセリ

**제66**

**타이완관**(위의 왼쪽)**과 내부**

타이완관은 건평 210평의 타이완식 건물로 타이완총독부가 운영했다. 1층에는 장뇌樟腦와 열대식물을 중심으로 진열
하고 진열소 및 현장 판매소, 활동사진실, 식당을 설치했다. 2층에는 접대실을 두었다. 타이완을 소개하는 장소로 더
할 나위 없는 시설이었다.

滿蒙參考館（上）及其ノ內部

第六七

滿蒙參考館ハ關東廳及滿鐵ノ經營ニ係リ、二百坪ノ喇嘛塔式建築ニシテ、外廓內容共ニ雄大ヲ極メ、特ニ各種重要物產ノ「パノラマ」式陳列及大連市ノ大模型等ハ本館ノ誇リトスル所ナリ

**제67**

**만몽참고관(위)과 내부**

만몽참고관은 관동청과 만철이 운영했다. 라마喇摩탑 형태의 200평 건축물로, 외곽과 내용 모두 웅대하기 그지없고, 특히 각종 중요 산물의 파노라마식 진열과 다롄大連시의 대형 모형은 본관의 자랑이었다.

樺太館（上左）及其ノ内部

第六八

樺太館ハ樺太廳ノ經營ニシテ、建坪九十坪ヲ有シ、同
島ニ於ケル特殊ノ産物及事情ノ宣傳紹介ニ努メタリ

**제68**

**가라후토**樺太**(사할린)관**(위의 왼쪽)**과 내부**

가라후토관은 가라후토토청이 운영했다. 건평 90평이다. 가라후토섬의 특수한 산물과 사정을 선전하고 소개하는 데 힘썼다.

大阪館（上左）、及其ノ内部

第六九

大阪館ハ建坪三百二十坪ヲ有シ、大阪優良産品ノ陳
列ヲ中心トシテ、各種製産物ノ紹介及販賣ニ努メ「大
阪商品ナルカ故ニ優良ナリ」ノ「モツトー」ノ周知ヲ
圖レリ

**제69**

**오사카**大阪**관**(위의 왼쪽)**과 내부**

오사카관은 건평 320평이다. 오사카의 우량산품을 중심으로 진열했으며, 오사카에서 제조한 각종 산물을 소개하고
판매하는 데 힘썼다. '오사카 상품이기 때문에 우량하다'라는 콘셉트를 주지시키고자 했다.

大阪商人なるが故に誠實なり

東京館（上左）、及其ノ内部

第七〇

東京館ハ外部白亞造リニシテ、建坪三百坪ヲ有シ中央ニ松屋吳服店ノ特別陳列アリ、其他東京各大商店ノ出品ハ「アートメタル」ノ陳列棚ニ收メラレ大ニ異彩ヲ放テリ

**제70**

**도쿄**東京**관**(위의 왼쪽)**과 내부**

도쿄관은 석회로 외벽을 칠했고, 건평 300평이다. 중앙에 마쓰야松屋백화점의 특별 진열이 있었다. 그 밖에 도쿄의 각 대형 상점의 출품은 '아트메탈art metal'로 제작된 진열 선반에 진열되어 이채로움을 눈에 띄게 했다.

京都館（上左）、及其ノ内部

第七一

京都館ハ京都市ノ經營ニシテ、多角形二百十一坪ノ
京都式色彩ニ富メル建築ナリ、特産絹布及衣裳類ヲ
首メトシ陶器、漆器、屏風等ノ美術品ノ陳列多ク傍
ニ八京都風ノ休憩所ヲ設ケ一般ノ利用ニ供セリ

**제71**

**교토京都관**(위의 왼쪽)**과 내부**

교토관 교토시가 운영했다. 211평의 다각형 건축물은 교토풍 색채를 풍부하게 보여주었다. 특산물인 실크와 의류를 내세우고 도기, 자기, 병풍과 같은 미술품을 많이 진열했다. 옆 건물에는 교토풍 휴게소를 설치하여 일반인이 이용하도록 했다.

九州館（上）及其ノ内部
（福岡縣ノ部（下左）、大分縣ノ部（下右）、）

第七二

九州館ハ九州及沖繩各縣ノ聯合施設ニシテ建坪四百

十坪規模宏壯ノモノナリ

제72

**규슈**九州**관**(위)**과 내부**(**후쿠오카**福岡**현 부문**(아래의 왼쪽)**, 오이타**大分**현 부문**(아래의 오른쪽))

규슈관은 규슈의 각 현 및 오키나와沖繩현의 연합 시설로, 건평 410평 규모의 웅장한 건물이다.

九州館内部 其ノ二

佐賀縣ノ部 （上左）　宮崎縣ノ部 （右）

長崎縣ノ部 （下左）

第七三

제73

규슈관 내부 2
　사가滋賀현 부문(위의 왼쪽)
　미야기宮崎현 부문(오른쪽)
　나가사키長崎현 부문(아래의 왼쪽)

九州館內部　其ノ三

熊本縣ノ部（上右）　鹿兒島縣ノ部（左）

沖繩縣ノ部（下右）

第七四

---

## 제74

### 규슈관 내부 3

구마모토熊本현 부문(위의 오른쪽)

가고시마鹿兒島현 부문(왼쪽)

오키나와沖縄현 부문(아래의 오른쪽)

名古屋館（上）、及其ノ内部

第七五

名古屋館ハ名古屋市及同勸業協會ノ經營ニシテ、建
坪百坪ヲ有シ、物產ノ陳列及即賣ヲ爲セリ

제75

**나고야名古屋관(위)과 내부**

나고야관은 나고야시와 나고야권업협회가 운영했다. 건물은 100평이고 물산 진열과 현장 판매를 했다.

第七六

廣島館（上）、及其ノ內部

廣島館ハ廣島市ノ經營ニシテ、建坪六十六坪ヲ有シ物產ノ陳列及卽賣ヲ爲セリ

제76

**히로시마廣島관(위)과 내부**

히로시마관은 히로시마시가 운영했다. 건평 66평이고 물산 진열과 현장 판매를 했다.

第七七

滋賀縣館（上左）、三重縣館（下左）
長崎商館（下右）、奈良縣館（上右）

滋賀縣館ハ滋賀縣ノ建設ニシテ、三井寺ノ釣鐘模型ヲ屋上ニ揭ケタル八十二坪ノ建物ニ於テ即賣式陳列ト食堂ヲ經營セリ
三重縣館ハ三重縣經營ニシテ二見ケ浦ノ女夫岩模型ヲ屋上ニ揭ケタル即賣式陳列館ナリ
奈良縣館ハ奈良縣ノ經營ニ係リ外廓ヲ大佛ニ形トリタル三十三坪ノ賣店ナリ
長崎商館ハ長崎市ノ特設館ニシテ特産品ノ即賣ノ外「カステラ」ノ食堂ヲ經營セリ

---

제77

**시가**滋賀**현관**(위의 왼쪽), **미에**三重**현관**(아래의 왼쪽), **나가사키**長崎**현관**(아래의 오른쪽), **나라**奈良**현관**(위의 오른쪽)

시가현관은 시가현이 건설하고 미쓰이三井절의 범종 모형을 지붕 위에 매달았다. 82평 건물이고, 현장 판매식 진열과 식당을 운영했다.
미에현관은 미에현이 운영하고 후타미가우라二見ヶ浦의 부부바위 모형을 지붕 위에 매달았다. 현장 판매식 진열관이다.
나라현관은 나라현이 운영하고 외곽을 다이부쓰大佛 모양으로 만든 33평 매점이다.
나가사키상관 나가사키시의 특설관으로, 특산품의 현장 판매 외의 '가스테라'라는 식당을 운영했다.

169

貴賓館（上）、香遠亭（下）

第七八

貴賓館ハ舊名ヲ聚敬堂ト稱シ、蓮池ニ臨ミ、王大妃ノ隱居所トシテ建設セラレタルモノナルガ、開會式當日閑院宮殿下會場御臺臨ノ際、御休憩所タリシコロナリ、香遠亭ハ蓮池ノ中央ニアリ八角塔狀ヲ爲シ舊王家ノ御休憩所タリ

제78

**귀빈관**(위)**, 향원정**(아래)

귀빈관은 옛 이름이 취경당聚敬堂이다. 연못 옆에 있고, 왕대비의 은거소로 건축되었지만 개회식 당일 간인노미야 전하가 회장에 참석했을 때 휴게소로 사용했다. 향원정은 연못 중앙에 있다. 팔각탑 형태로 만들어진 옛 왕가의 휴게소이다.

三井館（上）及其ノ内部

第七九

本館ハ三井關係ノ事業ヲ網羅シタル百二十坪白亞色ノ建物ニシテ内容充實特ニ接待室ヲ設ケテ宣傳ノ機會ヲ多カラシメタリ

**제79**

**미쓰이三井관(위)과 내부**

본관은 미쓰이와 관계된 사업을 망라한 120평의 백아색 건물이다. 내용도 충실하고 특히 접대실을 두어 선전할 기회를 많이 만들었다.

三菱館（上）、及其ノ内部

本館ハ三菱ノ經營ニ係リ、同系ノ各種事業ヲ陳列展
示シタル百二十五坪ノ建物ニシテ、内容豐富ナリ

第八〇

제80

**미쓰비시三菱관(위)과 내부**

본관은 미쓰비시가 운영하고 미쓰비시 계열의 각종 사업을 진열하여 전시한 125평 건물이다. 내용도 풍부했다.

住友館(左)及其ノ内部

本館ハ住友ノ製銅事業ヲ中心トシ、機械製作等ノ各
種同系事業ヲ陳列セル八十坪ノ希臘式建築ニシテ館
内ニハ噴水休憩所ヲ設ケタリ

**제81**

**스미토모住友관(왼쪽)과 내부**

본관은 스미토모의 제동製銅 사업을 중심으로, 기계 제작 등 각종 기계 관련 사업을 진열한 그리스식 80평 건물이다.
건물 안에는 분수와 휴게소를 설치했다.

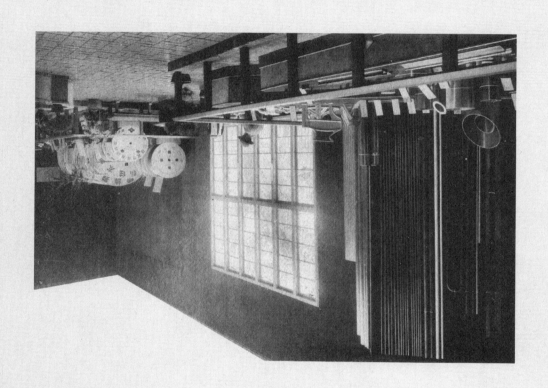

農會館（左）及其ノ内部

第八二

本館ハ朝鮮農會ノ經營ニシテ、近代型百三十坪ノ建築ナリ、農會事業及副業ノ獎勵ニ關スル陳列ト、活動寫眞ノ映寫等專ラ農會ノ宣傳ニ努メタリ

**제82**

**농회관(왼쪽)과 내부**

본관은 조선농회朝鮮農会가 운영했다. 130평의 근대식 건물이다. 농회 사업과 부업 장려에 관한 진열과 활동사진 상영 등 오로지 농회 선전에 주력했다.

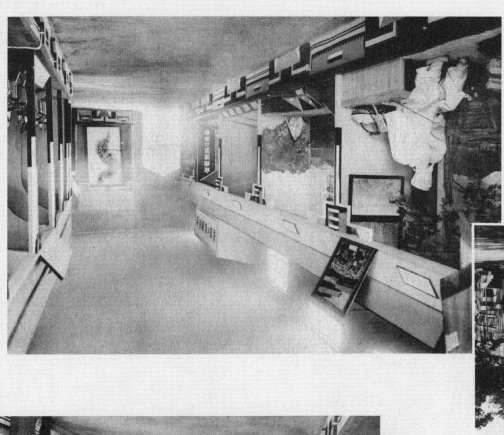

蠶絲館内部

本館ハ朝鮮蠶絲會經營ノ特設館ニシテ、產業南館ニ接續シテ建設セル九十坪ノ朝鮮式建物ナリ、李王家ヨリ御貸下ノ蠶絲陳列ヲ始メ各製絲工場ノ出品及蠶絲ニ關スル機械器具製絲ノ實演等斯業ノ現勢ヲ一目瞭然タラシメタリ

第八三

**제83**

### 잠사관 내부

본관은 조선잠사회가 운영한 특설관이다. 산업남관 옆에 건설된 90평의 조선식 건물이다. 이왕가로부터 대여받은 잠사 진열을 비롯하여 각종 제사 공장의 출품 및 잠사에 관한 기계와 기구, 제사의 실연으로 잠사 사업의 현황을 일목요연하게 알려주었다.

水產會館（左）及其ノ内部

第八四

本館ハ朝鮮水産會ノ特設館ニシテ製罐、魚油硬化、
發動機等水産ニ關スル製造工業ノ狀態ヲ展示シ、館
外ニハ大鯨骨ヲ陳列シテ衆目ヲ驚カシメ更ニ即賣及
水産食堂ヲ經營セリ

**제84**

**수산회관(왼쪽)과 내부**

본관은 조선수산회가 특설관으로 만들어 제관製罐, 어유경화魚油硬化, 발동기 등 수산과 관련된 제조 공업의 상태를 전시했다. 밖에는 큰 고래 뼈를 진열하여 대중의 시선을 끄는 한편, 현장 판매와 수산 식당을 운영했다.

畜產會館（左）及其ノ內部

本館ハ朝鮮畜產會ノ事業ニシテ、百二十坪ヲ有シ、畜產食料品、毛織物等ノ即賣及畜產食堂ヲ經營セリ

第八五

**제85**

**축산회관**(왼쪽)**과 내부**

본관은 조선축산회가 운영했다. 120평이다. 축산식료품, 모직물의 현장 판매와 축산 식당을 운영했다.

第八六

文化住宅

本住宅ハ朝鮮建築會ノ經營ニ係リ朝鮮ノ氣候ヲ參酌
シテ設計セル建坪（一）三十三坪五合、（二）二十七坪八合
九勺、（三）二十四坪八合二勺ノ三戸ニシテ朝鮮ノ住宅
建築上ノ好參考資料タリ

**제86**

**문화주택**

본 주택은 조선건축회가 운영했으며 조선의 기후를 참작하여 설계한 건평 ⑴ 33평 5합, ⑵ 27평 8합, ⑶ 24평 8합 2작ᄀ 세 채를 건축하여 조선의 주택을 건축하는 데 좋은 참고 자료로 삼았다.

新聞館（上左）、及其ノ內部（下左）、
宮島館（右）

第八七

新聞館ハ京城日報社ノ特設館ニシテ、百六坪ヲ有シ、
新聞製作順序ノ陳列ヲ始メ其他賣店、新聞縱覽室等
ヲ設ケ新聞智識ノ普及ヲ計レリ
宮島館ハ朝鮮新聞社ノ經營ニシテ、安藝ノ宮島ニ摸
セル百五十五坪ノ賣店式建築ナリ

**제87**

**신문관**(위의 왼쪽)**과 내부**(아래의 왼쪽)**, 미야지마**宮島**관**(오른쪽)

신문관은 경성일보사의 특설관이고, 106평이다. 신문의 제작 순서 진열을 비롯하여 기타 매점, 신문종람실을 설치하여 신문 지식의 보급을 도모했다.
미야지마관은 조선신문사가 운영했다. 안게이노 미야지마安藝ノ宮島를 모방한 155평의 매점식 건축물이다.

丸善インキ塔（上左）、朝鮮紡織會社塔（下左）、

趙膏藥塔（上右）、明治製菓會社塔及、カモヅル塔（下右）

第八八

釜山日報社塔（左）、

朝鮮每日新聞社館（上右）、

朝鮮商工新聞社特設館（下）

第八九

慶會樓及接待館（左）、

人參塔（右）

第九〇

경회루와 접대관(왼쪽)

인삼탑(오른쪽)

キリンビール　塔（左）、

サッポロビール　塔（上右）、

日本生命保險會社噴水塔（下）

第九一

제91

기린ｷﾘﾝ**맥주탑**(왼쪽)

삿포로札幌**맥주탑**(위의 오른쪽)

일본생명보험회사 분수탑(아래)

第九二

丸善インキ塔及サッポロビール塔（上左）、

レコード石鹼塔及合同油脂會社特設陸橋（上右）、

京城生命保險同業會宣傳塔（下左）、

熊平消防館（下右）

제92

**마루젠**丸善**잉크탑과 삿포로**札幌**맥주탑**(위의 왼쪽)

**레코도비누탑과 합동유지**合同油脂**회사 특설 육교**(위의 오른쪽)

**경성생명보험동업회사 선전탑**(아래의 왼쪽)

**구마히라**熊平 **소방관**(아래의 오른쪽)

滋賀縣館及其ノ附近（上左）、

合同油脂會社特設陸橋附近（下左）、

奈良縣館及其ノ附近（上右）、

三重縣館及其ノ附近（下右）

第九三

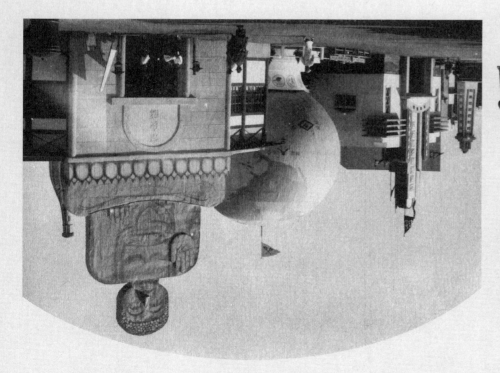

クラブ白粉塔及其ノ附近（上左）

東洋麻絲會社特設館（上右）

東山農事會社特設館及其ノ附近（下）

第九四

第九五

小供の汽車停車場(上左)、小供の汽車(上右)、
同上トンネル内「パノラマ」ノ一場面(下)

小供の汽車ハ總督府鐵道局ノ直營事業ニシテ、朝鮮
遊覽及世界一周ノ「パノラマ」ヲ仕組ミタル「トンネル」
二ケ所ヲ設ケ尙渡線橋、踏切等ノ施設ヲ爲シ兒童ニ
鐵道智識ノ普及ヲ計レリ

---

**제95**

**어린이 기차 정차장**(위의 왼쪽)

**어린이 기차**(위의 오른쪽)

**어린이 기차 터널 안 파노라마의 한 장면**(아래)

어린이 기차는 총독부 철도국의 직영 사업으로 조선 유람과 세계 일주의 파노라마를 기획한 터널 두 곳을 설치했다.
또한 육교와 건널목과 같은 시설을 만들어서 아동에게 철도 지식의 보급을 도모했다.

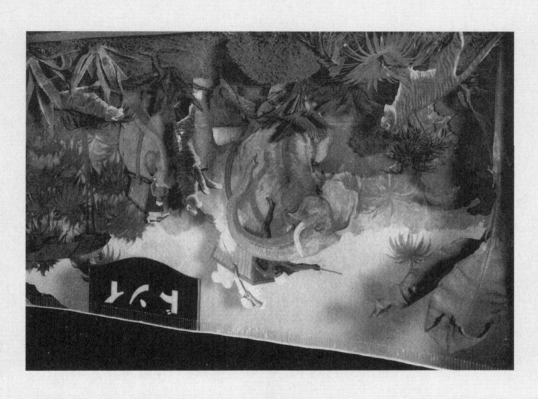

第九六

小供の國正門及其ノ内部

小供の國ハ京城協贊會ノ經營ニシテ「シープレン」、乘馬場、海底旅行館、「サークリング」等ノ外各種ノ遊戲具ヲ配置シ兒童ノ娛樂ニ開放セリ

**제96**

### 어린이 나라 정문과 내부

어린이 나라는 경성협찬회가 운영했다. 수상비행기, 승마장, 해저여행관, 회전목마 등 각종 놀이기구를 배치하여 아동에게 오락을 개방했다.

萬國街（右）、野外演藝館（下）、

木下サーカス團（上左）

萬國街及野外演藝館ハ京城協贊會ノ經營ニ係リ萬國街ニテハ外國人ノ各種演藝ヲ有料ニテ觀覽ニ供セリ

第九七

제97

**만국거리**(오른쪽)

**야외 연예관**(아래)

**기노시타**木下**서커스단**(위의 왼쪽)

만국거리와 야외 연예관은 경성협찬회가 운영했다. 만국거리에서는 외국인의 각종 연예를 유료로 관람하도록 제공했다.

演藝館（上左）、及內鮮藝妓舞踊

第九八

演藝館ハ京城協贊會ノ經營ニシテ、內地人藝妓及鮮

人妓生ノ舞踊ヲ一日二同上演セリ

---

**제98**

### 연예관(위의 왼쪽)과 내지 · 조선 예기 무용

연예관은 경성협찬회가 운영했다. 내지인 예기와 조선 기생의 무용을 1일 2회 상연했다.

事 務 局（上右）、
警備事務所（下）、
郵便局及銀行（上左）

第九九

會場內雜踏ノ光景（右上、及下）
會場正門附近雜踏ノ光景（上左）、

第一〇〇

제100

**회장 정문 부근의 혼잡한 광경**(위의 왼쪽)

**회장 안 혼잡한 광경**(위의 오른쪽, 아래)

會場內雜踏ノ光景

第一〇一

제101

회장 안 혼잡한 광경

昭和五年三月十五日印刷
昭和五年三月二十日發行

朝鮮總督府

印刷者　京都市新町通竹屋町南
　　　　新宮菊朗
印刷所　京都市新町通竹屋町南
　　　　偲利堂　田中傳三郎

1930년 3월 15일 인쇄
1930년 3월 20일 발행

**조선총독부**

교토시 신마치토오리(新町通) 다케야초미나미(竹屋町南)
**인쇄자** 신구 기쿠로(新宮菊郎)

교토시 신마치토오리(新町通) 다케야초미나미(竹屋町南)
**인쇄소** 사리토(偲利堂) 다나카 덴사부로(田中傳三郎)